MICHAEL NAUMANN (HG.)

Die Geschichte ist offen

DDR 1990: Hoffnung auf eine
neue Republik

Schriftsteller aus der DDR über
die Zukunftschancen ihres Landes

Rowohlt

rororo aktuell
Herausgegeben von Ingke Brodersen

Originalausgabe
Veröffentlicht im Rowohlt Taschenbuch Verlag GmbH,
Reinbek bei Hamburg, Januar 1990
Copyright © 1990 by Rowohlt Taschenbuch Verlag GmbH,
Reinbek bei Hamburg
Alle Rechte vorbehalten
Umschlaggestaltung Büro Hamburg –
Jürgen Kaffer / Peter Wippermann
Satz Walbaum (Linotronic 500)
Gesamtherstellung Clausen & Bosse, Leck
Printed in Germany
980-ISBN 3 499 12814 4

Inhalt

Vorwort

Revolutionen sind keine Geschäfte. Sie kennen keine Geschäftsordnung. Und was auf der Tagesordnung der Zeitgeschichte steht, weiß in Wirklichkeit auch niemand – außer später den Historikern, und auch die haben die Hoffnung aufgegeben, dem Reigen der Ereignisse den Reiz der determinierten, linearen Entwicklung abzugewinnen. Revolutionen – und um eine solche handelt es sich in der DDR – sind der Streich, den die Freiheit dem diktatorischen Lauf des politisch Geplanten spielt. Daß sie selten nur gelingen, spricht nicht gegen sie, sondern allenfalls gegen die Konterrevolutionäre.

Steht die deutsche Einheit auf der Tagesordnung der Geschichte? Die Frage, siehe oben, ist falsch gestellt. Eines allein steht fest: Die Hunderttausende, die die DDR verließen – und die als eigentliche Auslöser des friedlichen Umsturzes zu gelten haben –, riefen nicht «Einheit!», als sie westdeutschen Boden betraten, sondern «Freiheit!». Buchstäblich: Als die ersten Züge mit Flüchtlingen aus Prag kommend über die Grenze rollten, war dies, 200 Jahre nach dem Sturm auf die Bastille, die schönste deutsche Revolutionsakustik, mit national gewohnter Verspätung, aber laut. Daß politische Freiheit an territoriale deutsche Einheit nicht notwendig gebunden sei, daß eines mit dem anderen aber sehr wohl *gedacht* werden könne, ist kaum abzuweisen: Wie es zu beiden kommen könnte, war freilich *nicht* das Thema jener 22 Autoren aus der DDR, die in diesem Buch zu Wort kommen. Konnte es noch nicht sein.

Denn als der Brief des Herausgebers an die hier versammelten Schriftsteller hinausging, war Erich Honecker im Amt, und die Frage, die am Anfang des Buches stand: «Brauchen wir eine neue Republik? Alternativen für die DDR», hatte etwas zaghaft Naives. Dann stürzte die Machtelite der SED. Am 20. November '89 schrieb Christoph Hein in einem Brief nach Reinbek: «Ihre Frage, ob wir hier eine neue Republik brauchen, wurde schon beantwortet.» Aber auch: «Ich denke, die Intellektuellen haben in den vergangenen Jahren einen kleinen Beitrag geleistet, um zu diesen Veränderungen zu gelangen.»

Sie haben es in der Tat. Noch nie in der – an demokratischen Aufständen nicht reich gesegneten – deutschen Geschichte haben Lyriker, Romanciers und Publizisten im gleichen Maße jene unbekömmliche, oft schmerzhafte Rolle der öffentlichen und klandestinen Wegbereiter einer politischen Erneuerung gespielt wie in der DDR. Unser westdeutsches feuilletonistisches Milieu, in dem der 90. Geburtstag Ernst Jüngers, ein ganz anderer Wegbereiter, so laut gefeiert wird wie die Skepsis des Volker Braun und Stefan Heym, wie die Unentschlossenheiten sozialistischer Melancholiker verspottet werden – nun, das hat nicht viel verstanden.

Die Demonstranten der DDR haben ja nicht ihre persönliche Freiheit riskiert, um den Bürgern der Bundesrepublik ein moralisch einwandfreies Nationalgefühl zu vermitteln. Die Schriftsteller der DDR haben auch nicht ihre neuen Öffentlichkeiten geschaffen, um in den Steppen eines gesamtdeutschen Buchmarkts fröhlich pfeifend zu verschwinden.

Freilich stimmt auch dies, nachzulesen im Essay von Heinz Czechowski: «Es gibt nicht mehr *die* Schriftsteller der DDR.» Dieses Buch belegt die Vielfalt der politischen Ansichten, die inneren und äußeren Widersprüche der Autoren – aber auch die Gemeinsamkeit einer jahrelangen, gemeinsam erlittenen Schmach: Hier suchen die Opfer, die Verletzten eines wohlorganisierten Unterdrückungsapparates nach neuen Worten. Freiheraus sagen zu können, was jahrelang ein wohlgehütetes Arkanum der DDR war, nämlich daß dem Menschen die Freiheit gebührt, kann – ja: vorübergehend die Sprache verschlagen. Wenn Volker Braun seltsamerweise davor warnt, sich «dem Opportunismus der Freiheit» hinzugeben, dann spricht hier auch die Übung eines Dramatikers, der gelernt hat frei zu sprechen unter den Bedingungen der Zensur. Derlei paradoxe Kunststücke lähmen und beflügeln zugleich die Phantasie der Dichter und ihrer Leser. Sie waren ein Reizvolles der «DDR-Literatur» – Christa Wolfs Flucht in das Stasi-Troja der Kassandra, Heiner Müllers Parabeln mit Hilfe der Atriden: Lauter Geheimschriften der Freiheit, die zu entziffern bald auch die Spitzel *der* Partei imstande waren. Die Öffentlichkeit der DDR hatte jahrelang etwas «streng Geheimes». Der Entzifferungscode aber war Teil der Kultur, war Allgemeingut. Das Versteckspiel hinter Spiegeln ist nun vorüber. Wie geht es weiter?

22 Autoren – das sind im Frühjahr 1990 mindestens zehn rückwärtsgewandte Utopisten. Volker Braun erinnert in seinem Beitrag an die basisdemokratischen Räte der Oktoberrevolution: Liegt hier die Lösung – als post-

sozialistisches Experiment – der revolutionären DDR-Verfassungskrise? Es geht um das Glück der politischen Freiheit. «Räte» jedenfalls sind der eigentliche Feind des historischen, zentralistisch gewordenen, Sozialismus. Elke Erb wiederum träumt – und wer wollte ihr nicht folgen – von einem wohlbestückten Reich der freien Produktion *und* Konsumtion: «Ich stelle mir Gegenstände und Verfahren vor, die nicht über mich herrschen, die vielseitig sind im Gebrauch und stabil, die ich leicht pflegen und weitgehend selbst reparieren kann, die nicht verführen, täuschen, prangen und drohen. Mich nicht äffen mit einem bösen Spiegelbild.»

Daß die Bundesrepublik als Widerspiel der hier geträumten Utopien eine eher betrübliche Rolle spielt, mag uns im Westen verdrießen. Sind wir wirklich Bürger eines «Freibeuterstaats» (Stefan Heym), Schlemmer im McDonald's-Land, Raubritter der Perestroika- und Glasnost-Epoche? Wie berechtigt ist Gert Prokops Frage: «Ist es nicht naiv, nur eine Illusion mehr, anzunehmen, daß Deutschland West, auf dessen Hilfe viele setzen, Deutschland Ost gestatten soll, eine echte Alternative zu werden?» Was überwiegt hier mehr: apriorische Verzagtheit vor einer unklaren Zukunft oder aposteriorische Verzagtheit vor einer allzu bekannten sozialistischen Vergangenheit? Was heißt «echt»?

Fast allen Autoren ist ein Schreckensbild unserer westlichen Wegwerfgesellschaft gemein – und doch fordern die meisten eine plebiszitäre Republik: ohne das Risiko bannen zu können und zu wollen, daß die Basis nach jenen westlichen Supermärkten drängt, und zwar mit Macht, der neu entdeckten…

Rosemarie Zeplin, deren Essay der Buchtitel zu danken ist, hat dieses Dilemma auf eine logische Konsequenz gestellt: «Wenn man das Recht jedes Menschen auf seinen eigenen Lebensentwurf akzeptiert, darf man den Wunsch, zum Beispiel im Westen leben zu wollen, nicht heimlich als anstößig empfinden, und wenn auch die ganze DDR daran zerbräche.» Daß davor in letzter Instanz die Rote Armee (und die NVA?) stünde – das ist allerdings auch kein Thema dieses Buches. Mehr noch, die Sowjetunion als Droh- und Beharrungsfaktor spielt in den vorliegenden Texten keine Rolle. Die Autoren aus der DDR wissen mehr als viele Politstrategen des Westens, die im Bann ihrer Kalten Kriegs-Reflexe weiterdenken: «Was werden die Russen machen?» Die Antwort lautet womöglich: Nichts. Daß hier der Freiraum liegt, in dem ein Neu-Anfang auch für die DDR beschlossen ist, stützt nur unsere Eingangsthese: Der Rückzug der Sowjetunion auf sich selbst stand auch nicht auf der Tagesordnung der Geschichte.

Revolutionen werden von Dichtern angemeldet. Wenn jene ausbrechen, sind die Poeten am meisten überrascht. Daß sie so mächtig wären, hätten sie nie geglaubt. Nur die Politiker haben es immer gewußt. Sonst gäbe es keine Zensur. Nun ist sie abgeschafft, und in der DDR entsteht – langsam, langsam – eine offene Gesellschaft. Und eine offene Geschichte. Dieses Buch ist eines der ersten Kapitel. Viele andere werden folgen.

Michael Naumann

VOLKER BRAUN

Kommt Zeit, kommen Räte

I

Jetzt geht es nicht mehr vorwärts in dem ewigen Schnee
Formulare / Kies / Versprechungen / kalter Kaffee.
Jetzt hat uns die Höhenkrankheit befallen
Und jeder sieht sich verfolgt von allen
Bis in die Betten und Bilanzen.
Jetzt kämpfen wir gegen Wanzen.
Jetzt übersteigen offenbar uns die Wege
Mit ihrem Geröll / Eckziffern / Privilege
Wo wollen wir eigentlich hin.
Ist das überhaupt der Berg, den wir beehren
Oder eine ägyptische Pyramide.
Warum sind wir so müde.

Müssen wir nicht längst umkehren
Und von unsern Posten herabfahren.
Und uns aus den Sicherungen schnüren
Denn dieser Weg wird nicht zum Ziel führen.
Tappen ins Ungewisse, aus dem wir aufgestiegen waren.
Die Reibung unser einziger Halt.
Tagelang arbeiten, um einen Zoll zurückzugehn
Verschwinden, um zu bestehn.
Aufstieg gleich Abstieg, heiß kalt.
Und den Gipfel in wieder erreichbarer Ferne zu sehn.

Der Text ist von 1977. Jetzt sind wir im Tal, mit unsern Rucksäcken, Seilen und Eispickeln.

II

Als Lew Trotzki 1927 aus der KPdSU ausgeschlossen wurde, sagte er: Es gibt aber kein anderes Instrument, um Geschichte zu machen.

Das Instrument, das er zuletzt im Kopf hatte, war der Eispickel der Stalinschen Geheimpolizei.

Seine verzweifelte Behauptung hatte zwei Voraussetzungen: zum einen waren die Sowjets längst von den Bolschewiki preisgegeben, zum andern kämpfte Trotzki, der einstige «Zuchtmeister» der Massen, für eine erneuerte Partei, eine Partei ohne Bürokratie.

Seine Rechnung war einfach: im Staatsapparat sei einer dem andern untergeordnet; in der Partei seien alle gleich, so daß die Erfahrungen aller Bereiche unverfälscht zusammenschießen könnten zur radikalen Analyse. Das sei ihr einmaliger Vorzug, der sie instand setze zu führen.

Das war ein Tagtraum in der geschichtlichen Dämmerung. Die Klarsicht Lew Dawidowitschs machte ihn zum Provokateur; er definierte die Partei *im Unterschied* zum Staatsapparat, aber sie hatte sich an dessen Stelle gesetzt; er bestimmte ihre Selbstlosigkeit, und sie begriff sich als Macht. In Gesinnung und Aufbau verkörperte die stalinistische Partei das Mißtrauen gegenüber dem Volk. Das Instrument war zum Apparat verkommen, über der angeherrschten Klasse.

In der jetzigen Volksbewegung in der DDR, die den Apparat hinwegfegt, blitzen andere Instrumente auf. Jedes für sich von zweifelhafter Dienlichkeit, aber jedes stellt den Anspruch «der Partei» in Frage. Sie steht vor den leeren Tribünen, im Schatten der ungeheuren Freiheit. Sie kommt dazu wie der Blinde zur Ohrfeige. Noch an der Kandare der Disziplin und des falschen Auftrags, entdeckt sie die Erneuerungswut ihrer Zellen. Denn das macht auch die Partei frei, macht sie erst zur *Partei*: daß sie dem Absolutismus entsagt, in ihrem Organisationsprinzip wie in der Beziehung zum Staat. Die Macht zu sichern, indem sie sie der Partei sicherten – das war der säkulare Irrtum der Kommunisten.

Sie dürstet nach einem neuen Selbstverständnis. Aber kann sie sich überhaupt noch verstehn? Sie kann es nicht, wenn nicht im Zusammenhang mit dem ganzen Aufbegehren, der plötzlichen Vielfalt politischer Organisationen, worin sozialistischer Geist zur Verwirklichung drängt. Sie hat kein Recht mehr als in ihrem solidarischen Anteil an der Demokratie; ihre sogenannte Rolle fände sie nur im Spiel der Kräfte.

Nicht die Macht mehr; eine «vornehmere» Funktion, als Instrument radikaler emanzipatorischer Interessen, als Organisator des Widerspruchs, der produktiven Konflikte. Ich weiß nicht, ob ich noch von ihr rede.

III

Jetzt im Tal, beschleunigt Hoffnung die Schritte. Das Volk hebt *demonstrierend* den Blick: wohin hinauf? Auf welche ökonomische Höhe? Wollen wir einen riskanten Aufstieg wagen oder die Möglichkeiten des ebenen Geländes nutzen?

Wir werden feste mit der westlichen Wirtschaft paktieren, aber wir müssen nicht die absolute Schneelinie der kapitalistischen Großproduktion erreichen. Wir haben nicht die Ausrüstung, und die Mentalität, uns in Stücke zu reißen, ist auch verlorengegangen. Wir sind die politische Kette los; halten wir uns nicht ans Gängelband eines falschen gesellschaftlichen Interesses, das im Kaufhaus des Westens zu haben ist. Wir kannten den Opportunismus der Macht: fürchten wir jetzt den Opportunismus der Freiheit.

Laßt uns eine andere Gangart wählen als die der Räuber, die wir waren. Eine Gangart, mit der wir zu anderen Zielen kommen, zu sanfteren Technologien, zu einem milderen Markt. Der horizontalen Gesellschaft kann eine soziale Produktion entsprechen, die Erfindungen anderer Art braucht als die der erbarmungslosen Konkurrenz.

Das berühmte «überschüssige Bewußtsein» in der kleinen Republik gilt es abzurufen: das *andere Denken* für eine andere Arbeit. Das wäre eine gewisse «Sicherung», wenn wir uns nun der raschen anderen Seilschaft attachieren. Es wird auch so ein harter, anstrengender Gang, aber wir könnten eine Alternative leben. Unser Haushalt wiese sich aus durch Produktion von Vernunft; unser Planziel die Versöhnung mit der Natur, auch unserer eigenen.

IV

Die Demonstrationen machten Politik, unter freiem Himmel, bei Wind und Wetter. Währenddessen brachte sich die neue Regierung unter Dach und Fach. Ich sehe nicht, wie das in Zukunft und auf Dauer zusammengeht, wie der Wille der Straße tagein, tagaus in das Hohe Haus ziehen soll. Er ist diffus, dunkel und wankelmütig, und er hat keine Vertretung, die den Streit der Interessen in den Belegschaften und Wohngebieten austrägt und ihn nach oben vermittelt.

Wie denn auch?

In den Betrieben arbeiten die alten und neuen Organe nebeneinander. Es gibt die Parteigruppen, das Neue Forum usw., es bestehen oder bilden sich diese kleinen Apparate ohne integrales Getriebe. Es wird viel geredet, aber es gibt keine Stimme, die mit Macht hinausdringt.

Die Einheitspartei repräsentiert weniger als je die Einheit, selbst wenn sie sich demokratisierte bis zur Verdünnung. Was nützt es ihr, sich nur um *ihren* Neuaufbau einen Kopf zu machen, vor den sie jetzt doch gestoßen wird? Sie ist eine Splittergruppe wie alle andern Splittergruppen.

In der Volkskammer nun etabliert sich der sozialistische Parlamentarismus als eine zähe Struktur, in der wir für Jahrzehnte hangeln werden. Wir bemerkten schon auf ihrer ersten wirklichen Tagung das Gekungel beim Verteilen der Posten. Das ist der Vorgeschmack auf eine süß-saure Mahlzeit, bereitet vom Zufall fragwürdiger Mehrheiten und Ansprüchen der Parteien. Ich sehe keine Gewähr dafür, daß sich das notwendige Bedürfnis der Massen unverdorben durchsetzt.

Das parlamentarische Gerangel wird ein enormer Fortschritt sein gegenüber der absolutistischen Erstarrung, aber ich frage, ob es nicht etwas Moderneres, etwas Demokratischeres gibt: wenn wir schon einmal in der unwiederbringlichen Lage sind, als Gesellschaft nachzudenken.

Denn täuschen wir uns nicht: so zwanglos werden wir so bald nicht wieder voreinander stehen. Es ist ein seltener geschichtlicher Augenblick, in dem wir die Macht in Händen haben, die Zukunft zu korrigieren. Besinnen wir uns. Überlegen wir. In wenigen Monaten, nach den freien Wahlen, wird guter Rat teuer sein.

Erinnern wir uns an eine alte Sache, die immer aus der Hand geschlagen wurde, wo sie angefaßt wurde: die Macht der Räte. Sie hätte heute das Gemeineigentum als gewaltige Stütze: wenn es verfügbar gemacht würde; sie müßte sich nicht wegducken unter dem Regierungs- oder dem Parteiapparat. Die Räte, Bürgerforen oder dergleichen könnten das Dach sein, unter das sich die streitbare Arbeit der Gruppen und Parteien flüchtet, weil sie nicht jede ein Büro beanspruchen können in den Buden und Instituten. Sie müssen sich schon «zusammensetzen», die fähigsten Leute dieser Gruppen und Parteien: in der Abteilung, im Betrieb, im Betriebsverbund usw. auf allen Ebenen, *um schon unten an dem Text zu arbeiten, der oben geredet wird*. Sonst stehen sie alle im Regen der Vergeblichkeit. (Die aus Empörung über Korruption und Verdunkelung krimineller Handlungen am 4. Dezember geforderten Bürgerkomitees in Stadt und Land könnten ein *begreiflicher Anfang* sein, wie der Runde Tisch – der sehr weit oben steht; ihre Arbeit, *zunächst* Kontrollaufgaben, würde bald konstruktiven Sinn gewinnen.) *Die unten gewählte, oben kooperierende* Vertreterschaft (die Volkskammer nur der oberste Rat), die Selbstorganisation der Produzenten als die lebendige Staatsstruktur, die sich aus dem harten Diskurs zwischen den Ebenen speist – sie wäre die massenhafte Autorität, die die Regierung beauftragt oder ihr entgegentritt, die erworbene Autorität des Volkes.

Sie hat sich auf den Straßen gezeigt – lösen wir diese Demonstration nicht auf. Zersplittern wir nicht unser leidenschaftliches Begehren, ganz ohne Zutun der Polizei. Wir müssen zusammenbleiben, um uns wahrzunehmen; suchen wir die Staatsform, die ein Protestmarsch bleibt gegen die elenden Verhältnisse.

GÜNTER DE BRUYN

Fromme Wünsche, offene Fragen

Fromme Wünsche, Pia desideria, waren, solange man fromm war, tatsächlich welche und deshalb nicht ohne Wirkung, zumindest auf die Wünschenden selbst; erst später, in unfrommen Zeiten, in denen man an ihre Kraft nicht mehr glaubte, wurden unerfüllbare daraus. Auch politische Wünsche in Umbruchszeiten haben, unabhängig von ihrer Erfüllbarkeit, ihren Wert in sich selbst. Sie sind Realität, auch wenn sie nicht (oder nur teilweise) realisiert werden können. Den Unterdrückten können sie Mut und Elan verleihen und den Herrschenden Schrekken einjagen. Von ihnen leben Heilslehren und Parteiprogramme, die alle (einschließlich der konservativen, die das schlechthin Unmögliche, nämlich den Stillstand, wollen) Zielpunkte haben, die im Unerreichbaren liegen und trotzdem von Nutzen sind.

Als Egon Krenz infolge einer Doppelprotestbewegung, die sich im Weggehen und im Aufbegehren manifestierte, sein hohes Amt antreten durfte, wurde in seinen Ersttagsäußerungen deutlich, daß er als die Personifikation einer Wende erscheinen sollte, aber die eines DDR-Konservatismus war. Alle Änderungen, die er zulassen wollte, sollten der Erhaltung des Bestehenden dienen, also nicht grundsätzlicher, sondern nur modifizierender Art sein. Die Theorie versuchte er dadurch zu retten, daß er die aus Krisen entstandenen Umbrüche in den sozialistischen Ländern als gesetzmäßig bezeichnete, und als sakrosankt erklärte er die Praxis: den Sozialismus unter der Führung seiner Partei. Da alle Freiheiten, die von unten gefordert und von oben gewährt wurden, nach Krenz' Meinung daran nichts ändern durften, sollte der «sozialistische Pluralismus» zur Spielstätte zukünftiger Kreativität werden, die die Führungspartei einrichtet, auf der sie auch mitspielt, die sie aber jederzeit wieder schließen kann.

Von dieser Anfangsvorstellung des ersten Staats- und Parteimannes hatte er sich, auf Grund der Protestbewegung, alsbald schon selbst distanziert. Für ihn selbst kam die Einsicht zu spät. Und die Partei? Fortan sollte die Führungsrolle zwar nicht aufgegeben, aber in der Verfassung nicht festgeschrieben, sondern täglich erobert werden – womit die SED zwar auf einen vorgegebenen Anspruch verzichtet, aber die Herrschaft noch nicht verliert. Für die erste Zeit zumindest kann sie sich, um den Volkswünschen entgegenzukommen, auf das Spiel der Parteiengleichheit ohne Machtverlust einlassen, denn den Staat hat sie vorläufig noch fest in der Hand. *Die* Partei, wie sie jahrzehntelang umgangssprachlich mit Recht nur genannt wurde, hat den Staat nämlich in ein Verwaltungs- und Ausführungsorgan ihrer Herrschaft verwandelt und ist auf jeder Ebene sowohl mit ihren in den Staat integrierten Leuten als auch mit den Funktionären ihrer eignen Hierarchie (also doppelt) präsent. Der Austausch von einigen Männern, die sich besonders unangenehm bemerkbar gemacht haben, darf nicht darüber hinwegtäuschen, daß die tatsächlichen Machtzentren in Berlin, den Bezirks- und den Kreisstädten noch immer nicht in den Gebäuden der staatlichen Ämter, sondern in den nicht weniger großen der Parteibehörden zu finden sind.

Auch den bisherigen Blockparteien, die in der Vergangenheit nur «ja» sagen, im besten Fall schweigen konnten, stehen, falls sie aus dem Spiel Ernst machen wollen, Mittel und Möglichkeiten zur Verfügung, die zwar im Vergleich zu denen der Führungspartei bescheiden, aber doch funktionstüchtig sind. Sie besitzen nicht nur einen bewährten Parteiapparat und die entsprechenden Räume, sondern auch Druckereien, Verlage und mehrere Zeitungen, mit denen sie den Versuch wagen könnten, nicht nur ihre Rolle im verordneten Spiel auszufüllen, sondern auch die Regierungsgewalt anzustreben oder in die Opposition zu gehen. Die Chance, guten Gewissens hier mitzumachen, bestünde für sie darin, daß sich der Begriff «Sozialismus» unterschiedlich interpretieren läßt. Da ihr Part vorsieht, die Weltanschauung der Führungspartei nicht zu teilen, sind sie an deren Lehrmeinung, die politökonomische Begriffserklärung vorschreibt, auch nicht gebunden und könnten also das Unantastbare als etwas nehmen, für das es auch den Begriff der sozialen Gerechtigkeit gibt. Hindernd stand aber auch ihnen der Artikel 1 der Verfassung im Wege, weil es wenig glaubwürdig gewesen wäre, wenn sie sich bei Wahlen als Alternative zur bisherigen Macht angeboten und diese gleichzeitig als die in jedem Fall leitende Kraft akzeptiert hätten.

Um Erfolg zu haben, wäre für sie aber ein Programm vonnöten, das sich durch mehr als Adjektive (wie christlich oder liberal) von dem der herrschenden Partei unterscheidet, und eine Mitgliedschaft, die nicht nur wie bisher versorgt und geduldet, sondern politisch erfolgreich sein will.

Den Mangel an profiliertem Programm teilen die etablierten Parteien mit denen der dritten, geschichts- und besitzlosen Gruppe, wo weder politische Erfahrungen noch Organisationsstrukturen, noch Räume, noch Publikationsmöglichkeiten und nicht einmal amtliche Zulassungen vorhanden sind. Sie sind nicht die Träger, aber doch die Produkte der demokratischen Volksbewegung, deren Forderungen sie teilweise formulieren, und ihre Stärke beruht vorläufig vor allem in der Frische und Unbeflecktheit ihres Engagements. Daß ihre Programme so unprofiliert wirken, liegt einerseits an der Taktik der etablierten Parteien, die Forderungen nach bürgerlichen Freiheiten und ökologischen Verbesserungen in den Katalog ihrer Versprechungen aufzunehmen, andererseits aber auch an gleichen demokratischen Ausgangspunkten der neuen Bewegungen und ihrem gleichen, für ihre zukünftige politische Arbeit entscheidenden Ziel. Alle wollen sie die Einparteienherrschaft zu einer demokratischen machen, ohne die sozialistischen Grundlagen anzutasten, und dann erst wollen sie Prioritäten setzen – aus Vorsicht und aus Unsicherheit. Für die in die Krise geratene Wirtschaft haben sie noch keine Rezepte, und es ist schwer für sie abzuschätzen, welche ihrer Forderungen von den Reformen der Führungspartei vor den Wahlen schon erfüllt werden können und wo dann noch die Lücken und Defizite sind. Da sie alle die Meinung vertreten, daß nicht der Sozialismus versagt habe, sondern nur seine stalinistische Ausprägung, und sie sich deshalb das kühne und ehrenwerte, aber unsichere, nirgendwo bisher verwirklichte Experiment eines demokratischen Sozialismus zum Ziel gesetzt haben, ist es denkbar, daß der Wind der Erneuerung nicht in ihre Segel, sondern in die einer reformierten Führungspartei bläst.

Es wäre vermessen, in diesem Frühstadium einer rasanten Entwicklung mehr Prognosen zu wagen, als die, daß die frommen Wünsche ihre antreibende Kraft verlieren und sich nur teilweise verwirklichen werden, auch deshalb, weil sie (wie zum Beispiel der Aufschwung der Industrie, mitsamt der Flut der zu erwartenden Autos, und – im Widerspruch dazu – das Ende der Umweltvergiftung) einander im Wege stehen. Die freien Wahlen, falls es zu ihnen kommt, werden Überraschungen bieten, und zwar nicht nur, weil man das Ausmaß der Wirtschaftsmisere nicht kennt, unter deren Einfluß sie stehen werden, sondern auch, weil sich dann erstmalig *die* Leute politisch artikulieren werden, die weder den alten noch den neuen Parteien angehören und auch nicht auf die Straße gehen. Ohne voreilige Schlüsse daraus zu ziehen, sollte bedacht werden, daß zwar Hunderttausende durch Flucht oder Protest die Reformen erzwangen, Millionen aber die Öffnung der Grenzen auf der Stelle dazu benutzten, sich zu den Schaufenstern des deutschen Westens in Bewegung zu setzen, freiwillig, ohne Strapazen zu scheuen, in beeindruckender Euphorie. Die Frage, ob hierbei in erster Linie das Neue, bisher Unzugängliche lockte, ein für sich selbst auch erträumter Wohlstand Anziehung ausübte oder aber auch (oder vor allem) Gefühle nationalen Zusammenhalts wirksam wurden, kann heute noch nicht beantwortet werden, für die Zukunft aber entscheidend sein. Daß bei den Protestdemonstrationen, die sich nicht nur durch Disziplin und Friedfertigkeit, sondern auch durch politische Mäßigung auszeichneten, Forderungen nach deutscher Einheit erst gar nicht, dann nicht vorherrschend zu hören waren, darf nicht zu der Meinung verführen, es gäbe sie nicht.

Wie es scheint, haben die oppositionellen Aktiven ein DDR-Staatsbewußtsein entwickelt, das stärker als das bisher verordnete ist. Es setzt sich aus Stolz auf das durch die demokratischen Proteste Erreichte, aus Einsichten in das im Europa von heute Machbare, der Vision von sozialer Gerechtigkeit und Trotz gegen den reichen, zum Bevormunden neigenden Verwandten im Westen (dem man auch noch Dank schuldet) zusammen, und es nimmt nationale Gefühle, die häufig verdächtigt werden, dem Chauvinismus oder dem Wohlstandstrieb als Deckmantel zu dienen, nicht ernst. Daß die neuen Parteien breite Wählerschichten damit nicht repräsentieren, ist anzunehmen. Die werden vielleicht eher auf die «Sicherheit und Geborgenheit» der in dieser Hinsicht bewährten bisherigen Führungspartei setzen oder aber auf die Einheit der Deutschen, die ihnen weniger sicheren, aber greifbareren Wohlstand verspricht. Wenn in dem pathetischen Aufruf «Für unser Land», statt der vernünftigen Erklärung, daß an der empfindlichen Stabilität Europas um des Friedens willen durch eine deutsche Einheit *vor* der europäischen nicht gerührt werden sollte, die alten Abgrenzungsparolen samt Feindbild in neuem Gewande geboten und von den unabhängigen Organisationen nach Art der alten Blockparteien gemeinsam gebilligt werden, wird damit die seit zwei Jahrzehnten geübte, wirklichkeitsfremde Tabuisierung der deutschen Frage noch weitergeführt. Alles Nationale nach rechts zu drängen, könnte sich aber bald als gefährlich erweisen. Denn der alternative Traum vom wahren, nun aber wirklich vollkommenen (durch keinen Jagdhausbau der wenigen Schuldigen mehr verhinderten) Sozialismus wurde für viele schon zu lange geträumt.

HEINZ CZECHOWSKI

Euphorie und Katzenjammer

Mit jedem Tag, der vergeht, wird der Entwurf einer konkreten Utopie für das Land DDR schwieriger. Die Ereignisse überschlagen sich. «Reisefreiheit» und DM-Kurs, verstopfte Straßen, überfüllte Züge, Schlangen vor Tankstellen, Banken, Sparkassen. Man hat den Eindruck, daß jeder einzelne, jede Familie nach einer Überlebensstrategie sucht. Bechers Vers aus der Nationalhymne «Auferstanden aus Ruinen und der Zukunft zugewandt» erhält neue, unverhoffte Aktualität: nun sind es nicht mehr die Ruinen, die der Krieg hinterließ, sondern jene der ausgewohnten Häuser unserer Städte und eine mehr als ungewisse Zukunft des Landes DDR und seiner noch verbliebenen Bewohner.

Nichts, was diesem Land zur Zeit mehr not täte, als eine kreative Programmatik. Aber gerade diese ist nicht in

Sicht und kann nicht in Sicht sein. Vor einem wie auch immer gearteten Zukunftsentwurf steht die dringliche Offenlegung der jüngeren Vergangenheit durch Partei und Regierung. Doch die tun sich damit mehr als schwer. Nur in kleinsten Portionen dringt von dorther die Wahrheit ins Volk. Hinter dieser Informationspolitik verbirgt sich nicht nur die Angst, das Volk könnte der Partei und der Regierung endgültig davonlaufen, sondern auch der alte Hochmut, mit dem die Partei auch ohne das Volk gut zurechtkam! Die vierzigjährige Alleinherrschaft der SED hat nicht nur dieses Land, sondern auch seine Menschen kaputtgemacht... Das von der Stasi gesäte Mißtrauen reichte bis in die Familien und Freundeskreise hinein.

Die DDR, und fast schon möchte man angesichts der Lage dieses Wort wie weiland der Springer-Konzern in Anführungszeichen setzen, hat ein furchtbares Erbe angetreten – und sich ihm zu stellen! Der Grad der Verwüstung, den die SED in den Städten, auf dem flachen Lande und in den Köpfen der Menschen hinterläßt, ist für einen Durchschnittsbürger der BRD kaum vorstellbar. Ich bin kein Ökonom und kein Politologe, ich verfüge weder über Zahlen noch über Statistiken. Im Grunde bin ich auf mein Gedächtnis angewiesen, auf die Erinnerungen an eine vierzigjährige Tragödie, die in meiner Kindheit begann und die sich bis zum heutigen Tag trotz «offener Grenzen» fortsetzt...

Am Stalinismus, der wie ein Fels in unsere Gegenwart hineinragt, sind alle mitschuldig. Die nicht mehr auflösbare Dialektik von Gewalt und Mitschuld des einzelnen an dieser Gewalt wird uns noch lange zu schaffen machen. Die Angst, das alte Regime der SED könnte sich restituieren, sitzt uns im Nacken. Residierte die Stasi – oder Nasi – nicht unbeeindruckt von den Pfui-Rufen der Montagsdemonstranten am Tröndlinring in Leipzig und zimmerte ihre Dossiers über uns? Noch beansprucht die SED, wenn auch hinter vorgehaltener Hand, ihr altes Machtmonopol. Hat sie es aus der Verfassung gestrichen, so doch nicht aus der Wirklichkeit. Noch sitzen in der Volkskammer und in den Gremien der «Blockparteien» jene in der Überzahl, die das alte Regime gestützt und dafür die entsprechenden Privilegien empfangen haben.

Und noch – und das halte ich für das Schlimmste – gibt es keine alternative Gruppierung oder Partei, die mit einer überzeugenden Vorstellung von der Gestalt einer zukünftigen DDR aufwarten könnte! Die Saat der SED, die Unmündigkeit, entwickelt und beweist ihre Langzeitwirkung. Die alten Vordenker aus den Reihen dieser Partei – mögen sie nun Hermann Kant oder Stephan Hermlin heißen – genießen des Mißtrauen des Volkes. Die Äußerungen der Intellektuellen scheinen dort abzuprallen, wo das Volk seine primären Interessen zu sichern trachtet, vor allem die Reisefreiheit, verbunden mit einem erträglichen Wechselkurs und gewissen Garantien über DM-Beträge, die die DDR zur Verfügung zu stellen hat.

Bestimmte Gruppen, die vom Volk bisher auf Grund ihrer Privilegien, die sie genossen – vor allem ihre Reisemöglichkeiten –, als relativ homogen betrachtet wurden, beginnen sich zu differenzieren. Richtig das Wort eines Journalisten: «Es gibt nicht mehr *die* Schriftsteller.»

Aber es gibt auch nicht mehr *die* Partei, *die* Polizei, nicht einmal mehr *die* Reichsbahn oder *den* VEB. Tatsächlich droht der DDR unter der Oberfläche von Regierungsbildung und der zurückhaltenden Zustimmung, die der neue Ministerpräsident Modrow genießt, die Auflösung. Zurücknahmen der einmal gegebenen «Freiheiten», die nichts anderes sind als elementare Menschenrechte, die sich das Volk genommen hat, indem es – endlich – auf die Straße ging, scheinen im Moment nicht möglich. Die Reisefreiheit öffnete die Ventile nach außen und ließ den Dampf ab, der sonst die DDR im Inneren zum Bersten gebracht hätte: Bürgerkrieg stand ins Haus.

Aus all dem, was ich hier nur skizzenhaft andeuten kann, eine Utopie für die DDR unter dem Motto «Brauchen wir eine neue Republik? Eine Alternative für die DDR» zu entwickeln, scheint mir unmöglich zu sein. Außerdem scheint mir zumindest der zweite Teil der Frage falsch gestellt angesichts der greifbaren und alltäglich erlebbaren Lage: der DDR droht nichts Geringeres als ein umfassender Kollaps. Andererseits ist der Ausgangspunkt für eine DDR als *Alternative* zur BRD so gut wie noch nie! Aber ich befürchte, der Zeitpunkt, wo es noch möglich gewesen wäre, von einer Alternative DDR zu reden, ist bereits verpaßt. Verpaßt wurde bereits eine «Wende», die, wie 1968 in der ČSSR und später unter Gorbatschow in der Sowjetunion, die Partei selbst an die Spitze der Bewegung gestellt hätte. Daß ein Herr Krenz nicht das Format eines Alexander Dubček hatte, muß nicht erörtert werden. Aber es muß gesagt werden: Die SED wäre mangels innovativer Kräfte aus ihren eigenen Reihen, die ja niemals entwickelt worden sind, auf keinen Fall in der Lage gewesen, eine derartige Aktion zu vollziehen.

Eine Alternative zur DDR kann aus meiner Sicht nur eine «andere» DDR selbst sein. Nun, da die Partei nicht nur ihre Glaubwürdigkeit verloren hat, sondern diese trotz aller gegenteiligen Beteuerungen täglich selbst aufgibt, scheint es unmöglich, eine potentiell neue Führung ausmachen zu können. Die «Blockparteien» – CDU, LDPD, DBPD, NDPD –, jahrelang nichts anderes als servile, stumme Kompatrioten der SED, sind nicht weniger unglaubwürdig als die SED selbst. Die sich neu formierenden «Gruppen», die keine Parteien im «alten» Sinne mehr sein wollen, sondern «Sammlungsbewegungen» mit «basisdemokratischem» Charakter – was man darunter auch immer zu verstehen hat –, haben bis heute keine ausreichende Stimmkraft. Ihre Artikulationen sind oft nur von quasiutopischen Emotionen getragen oder von einem (verständlichen) Haß auf die alte Macht. Die Offenlegung der alten Verhältnisse mit Hilfe aller, die daran interessiert sein müssen, ist dringend geboten. Doch gleichzeitig ist eine Bewegung auf eine DDR zu, die so souverän wie möglich ihre Geschicke selbst bestimmt, nicht möglich ohne eine reale Utopie.

Hilfe dabei können auch jene leisten, die an Deutschland litten und die sich bisher vergeblich bemühten, ihre eigenen Utopien in die Realität zu überführen. Ich denke, wir müssen da mitunter weit zurückgehen, um das wiederzuentdecken, was sich in den Werken von Heine, Büchner, Hölderlin, Arno Schmidt, Adorno und Horkheimer, Ernst Bloch und Hans Mayer u. v. a. verbirgt. Das sind nicht immer die Sätze, die wir bereits kennen, sondern vor allem Gedanken, die wir bereits schon vergessen oder noch nicht einmal zur Kenntnis genommen haben.

Klar ist: Wir können uns die Ideen für eine neue *deutsche demokratische* Republik nicht nur aus unseren eigenen Fingern saugen! Das Volk ist unvorbereitet, jene Macht zu übernehmen, die bisher die anderen ausgeübt haben. ... Diskutiert werden muß vor allem der Begriff jener Demokratie, die alle meinen, von der aber niemand so recht weiß, wie sie aussehen müßte. Die, die bisher vorgedacht haben, vor allem die Schriftsteller von Heym bis Hein, haben, soweit ich sehe, das alte System kritisiert und analysiert. Aber sie haben ihm keine Utopie, geschweige denn den Entwurf einer neuen Gesellschaft entgegengesetzt.

Dieses Defizit macht sich besonders in der Dialektik von «Masse und Macht» (Canetti) bemerkbar. Wer die Montagsdemos auf dem Leipziger Innenstadtring mitgemacht hat, kennt das nahezu rauschhafte Glücksgefühl, das jedoch nicht ohne Bedenklichkeit ist, wenn die Menge ihren Sprechchor *Wir sind das Volk* wie ein riesiges Banner entfaltet. Dieses sinnlich-kollektive Moment, das sich herauskristallisierende Gefühl der eigenen Stärke und der Angstfreiheit, das sicher auch in die Bereitschaft zum bewaffneten Widerstand umgeschlagen wäre, wenn die Sicherheitskräfte die «chinesische Lösung» praktiziert hätten, war das einer unbezweifelbaren Volksrevolution. Doch derartige Momente sind flüchtig, sie vergehen mit ihren Zwecken, wenn die Revolution nicht ihr eigenes Programm entwickelt, ein Programm, das alle Ahnungen und gefühlsmäßigen Antizipationen hinter sich lassen muß, um bei der Verwirklichung der Revolution anzukommen. Wir haben uns eine neue Regierung vorsetzen lassen. Unter dem Protest der Massen wird sich diese Regierung auch weiterhin gezwungen sehen, diesen oder jenen ihrer Minister noch auszutauschen. Die Regierung steht aber nicht allein unter dem Druck des Volkes, sondern vor allem unter dem Druck der von der alten Macht geschaffenen Verhältnisse, besonders der ökonomischen.

Um den Widerspruch zwischen Geführten und Führung aufzuheben, ist der Sprung von der Notwendigkeit des Denkens in deren Freiheit zu vollziehen. Das bedeutet, daß das Volk nicht nur zum handelnden, sondern vor allem auch zum denkenden Subjekt der Geschichte qualifiziert werden muß. Die sich überall äußernde Spontaneität im Zusammenhang mit einem unerwarteten Aufblühen des Volkswitzes, der sich in Sprechchören und auf Transparenten äußert, läßt hoffen, daß es zu einem Zusammenwirken aller der Kräfte kommt, die mehr wollen, als nur ihren angestauten Frust abzureagieren. Es geht um die Entfaltung einer innovativen und kreativen *Gesellschaft*, die alles das freizusetzen vermag, was bisher weithin ungenutzt brachlag. Dabei werden das Bildungswesen, die Künste, das befreite Denken der Ingenieure und Architekten, das von allen Phrasen befreite Mitdenken aller in der materiellen Produktion Tätigen und nicht zuletzt die Organisierung freier, unabhängiger Gewerkschaften, einschließlich des verfassungsmäßig gesicherten Streikrechts, den wesentlichen Beitrag zu leisten haben.

Hier läßt sich aus aktueller Sicht mühelos ein Gedanke Hans Mayers einfügen, der zwar der Situation der BRD nach 1968 geschuldet ist, dessen Gültigkeit für heute jedoch unbestreitbar bleibt: «Es ist bloße Angeberei und Selbstüberschätzung, wenn eine Regierung irgendwo beim Amtsantritt, erreicht entweder durch gleiche und geheime Wahlen oder auch durch irgendeinen Staatsstreich, verkünden läßt, nun werde sich ‹alles, alles wenden›. Das kann, wie die totalitären Erfahrungen beweisen, den Schrecken bedeuten und das allgemeine Unglück. Es kann aber auch in den Formen des Rechtsstaates ein bloßes terminologisches Spiel sein: unernst also. Die neue Regierung wird wenig Möglichkeiten haben, alles, alles zu wenden. Sie wird ein bißchen anders regieren als ihre Vorgänger, die Besiegten des Augenblicks. Gewendet hat sich nicht viel, denn man hatte die wirkliche und allgemeine Wende entweder nicht verstanden oder nicht ernst genommen.»* Um nicht im Katzenjammer der zweiten von Hans Mayer genannten Lösung aufzuwachen, ist ungeheuer viel Augenmaß nötig. Es gilt zwischen der Scylla das Schreckens und der Charybdis des allgemeinen Unglücks und einer nicht ernstgemeinten Wende, wie sie der SED und ihren Blockparteien vorschwebt, hindurchzusteuern. Es wäre darüber hinaus ein Irrtum, zu glauben, alles bisher Negative ließe sich nun fast automatisch ins Positive verwandeln. Das Fortbestehen der alten Irrtümer, die Abhängigkeit des einzelnen von einer arbeitsteiligen Gesellschaft läßt es nicht zu, daß nur der Konsum zum Motor aller individuellen Bestrebungen wird. Die neue soziale Gesellschaft muß vor allem den Allgemeinnutz vor den Eigennutz setzen. Das durchzusetzen ist wohl eine der schwersten Aufgaben, die jeder an sich zu vollziehen hat. Dazu gehört die Beseitigung des Schlendrians ebenso wie die Pflege des Allgemeineigentums. Ein Bauer in Holland oder in der BRD würde sich der allgemeinen Ächtung seiner Nachbarn aussetzen, würde er mit seinem Lkw oder Traktor meterbreite Transportwege in bestes Ackerland walzen...

Doch wie kann sich eine arme Gesellschaft den Luxus leisten, das Allgemeineigentum vor das Privateigentum zu setzen? Der Sozialismus der SED hat die Absurdität hervorgebracht, daß nur dort pfleglich mit Eigentum umgegangen wird, wo dieses in privaten Händen ist. Man vergleiche nur unsere Eigenheimsiedlungen mit den Stadtteilen des Leipziger Ostens! Neben der Wiederherstellung eines produktiven Privateigentums benötigen die Arbeiter in den volkseigenen Betrieben

* (Hans Mayer, «Die unerwünschte Literatur», Berlin [West] 1989)

38

vor allem Arbeitsbedingungen, die die Qual des Acht-stundentags in Lust verwandeln. Dazu gehört eine Le-bensqualität, die nicht vom Konsumterror beherrscht wird, wohl aber von Voraussetzungen, die das Leben in unseren Städten und auf dem Lande aus der durch den allgemeinen Mangel hervorgerufenen Erstarrung be-freien.

Das alles – und es ist nur eine Kontur von dem, was im einzelnen dringend benötigt wird und realisiert werden muß – kann ein so ruinierter Staat wie die DDR nicht allein aus sich selbst hervorbringen. Der allgemein wal-tende totale Unernst, mit dem bisher die Angelegenheiten des Staates und der Produktion von den Selbstherrschern der SED erledigt wurden, müßte durch eine phrasenlose Verantwortlichkeit aller ersetzt werden, die gleichzeitig die Lust des Produzierens in jedem Sinne, auch im intel-lektuellen, hervorruft. Wie aber unter den gegenwärtigen Bedingungen, mit denen in Bitterfeld, Meuselwitz oder Leuna gelebt und gearbeitet wird?

Die Auflösung des Staatssicherheitsdienstes, der Natio-nalen Volksarmee und der Kampfgruppen der Arbeiter-klasse könnte genügend Mittel freisetzen, die dem allge-meinen Wohlstand zugute kämen. Die Aufhebung aller Privilegien und der Repräsentationsfonds wäre ebenfalls ein Beitrag zum allgemeinen Volkswohlstand.

Das entwertete Wort von der Einheit von Geist und Macht könnte als neugeprägte Münze wieder in Umlauf gesetzt werden. Nämlich dann, wenn eine neue, frei ge-wählte Regierung der DDR damit begänne, die besten Köpfe der Intelligenz zu ihren Beratern zu machen, sie zu Botschaftern und Kulturattachés zu ernennen. Das würde nicht nur das Wiedererstehen eines neuen Kulturbüro-kratentums verhindern, sondern auch zur Entstehung einer intellektuellen Elite beitragen, die vom Volk getragen und akzeptiert werden könnte.

Das wäre auch ein Beitrag zur Überwindung des geistigen Provinzialismus, der unser Land heimgesucht hat. Die gebremste naturwissenschaftliche Kreativität – die DDR hat bis heute keinen Nobelpreisträger! – wiche einem freien Denken, welches sich zwangsläufig an den derzeitigen Entwicklungen und Trends orientiert, die den Weltmarkt bestimmen. Es versteht sich von selbst, daß die Zugehörigkeit zu einer bestimmten Schicht oder Klasse nicht im geringsten mehr Voraussetzung für das Studium oder eine entsprechende Karriere sein darf. Entscheidend ist allein das Talent und die Fähigkeit zur Ausübung einer Tätigkeit.

Die neue Schule, die die wichtigste Voraussetzung für die Entwicklung jener Art von Kreativität ist, sollte sich an solchem System freier Schulen orientieren, wie sie die Waldorfschulen darstellen, um jeder Art von Einengung der Talente durch eine starre Schulbürokratie entgegenzuwirken.

Der Staat hat die Freiheit der Künste und Wissenschaften zu garantieren. Akademien und andere entsprechende Institutionen sind weder Parteien noch dem Staat rechenschaftspflichtig. Für die Verwendung der ihnen vom Staat zufließenden Mittel ist das Parlament in Kenntnis zu setzen. Kunst- und Kulturpreise sind unabhängig. Das heißt, es gibt keine Staatspreise mehr (Nationalpreis!), sondern nur noch solche von unabhängigen Akademien und Stiftungen. Dem Preisunwesen ist Einhalt zu gebieten, aber es ist dafür zu sorgen, daß Kunst- und Kulturpreise denen zugute kommen, die neben der entsprechenden Vorleistung auch garantieren, den jeweiligen Preis produktiv, d. h. zur Hervorbringung neuer Werke zu verwenden. Künstlern und Wissenschaftlern, die sich ausgewiesen haben, ist eine angemessene Altersversorgung zu garantieren.

Der Staat selbst und seine Regierung muß sich ständig nicht nur der praktischen Kritik und Kontrolle durch das Volk ausgesetzt sehen, sondern er hat auch die geistige Wachsamkeit seiner Intellektuellen und Künstler zu fürchten. Dazu ist es nötig, die Rolle der Medien neu zu definieren. Diese hätten sich ganz entschieden von denen des Westens zu unterscheiden. Rundfunk und Fernsehen, Tagespresse und Nachrichtenmagazine haben im politischen Bereich allein die Rolle zu spielen, den Staat und seine Diener zu kontrollieren und zu kritisieren. Jede Art von Personenkult ist im Keime zu ersticken!

Das sind einige mehr oder weniger zufällige und in keinem Systemzusammenhang stehende Gedanken – doch ist zu befürchten, daß nicht viele davon die Chance haben, Wirklichkeit zu werden. Büchners herrlicher Satz, «Die Staatsform muß ein durchsichtiges Gewand sein, das sich dicht an den Leib des Volkes schmiegt», ist vielleicht zu schön, um jemals wahr werden zu können. Da die DDR, wie ihre Städte und viele ihrer Gemeinden, viel zu kaputt ist, um sich aus eigener Kraft zu sanieren, steht zu befürchten, daß die übermächtige BRD sich ins Zeug legen wird, um die DDR aufzukaufen. Das Expansionspotential des Kapitals wird sich, hat es erst einmal in der DDR Fuß gefaßt, keine Zwänge auferlegen lassen. Einer solchen Einverleibung der DDR scheint mir auch kein noch so gut durchgearbeiteter Vertrag einer Konföderation entgegenwirken zu können. Am Ende wird in jedem Fall die Bevormundung der DDR durch ihre Geldgeber stehen, wie sich diese auch immer firmieren werden. Das derzeit aufmüpfige Volk wird sich schnell an den neuen Wohlstand, den die entsprechenden Kredite gewähren, gewöhnen. Oder es wird, was auch zu befürchten ist, seine revolutionären Utopien, die es heute noch stammelt, sehr schnell unter dem Druck der Verhältnisse vergessen. Der naive Glaube, die Hilfe des Westens annehmen zu können, um sich nach erfolgter Sanierung wieder auf den sozialistischen Anteil seines Erbes zu besinnen, dürfte nach allen geschichtlichen Erfahrungen kaum in Erfüllung gehen.

Ich bin überzeugt, daß es in absehbarer Zeit nur einen Weg gibt, der sich auf alle utopischen Vorstellungen von einer neuen DDR zubewegt: den pragmatischen. Er setzt das ständig präsente Bewußtsein über die jeweils herrschende Lage und die ständige Kritik der Herrschenden voraus.

Die mühsame Dialektik, mit der sich das Volk zusammengefunden hat, um auf die Straße zu gehen, um seinem Verlangen Ausdruck zu geben, erklärt sich aus der jahrzehntelangen Machtlosigkeit gegenüber dem Parteiapparat und der Sicherheitsorgane. Das «Beispiel DDR», von dem jetzt die Rede ist, die Spontaneität, mit der die Massen die Angst überwanden und Partei und Regierung unter Druck setzten, hat in Bulgarien, aber vor allem in der ČSSR und in Rumänien Schule gemacht. In gewisser Weise begleicht die DDR-Bevölkerung damit ihre Schuld, die sie im Jahr '68 durch ihr Schweigen und den Einmarsch der Nationalen Volksarmee in der Tschechoslowakei hinterließ. Doch jenseits einer solchen politisch-moralischen Selbstdarstellung des noch immer auf die Straße gehenden Volkes bleibt die Tatsache, daß bei aller scheinheiligen oder vielleicht mitunter auch ehrlichen Reue einzelner Parteiprotagonisten die SED ihren Machtanspruch nicht aufzukündigen gedenkt. Das beweist u. a. ein parteiinternes Protokoll, das, nach einer Diskussion innerhalb der Parteigruppe der SED in der Volkskammer, unter der Bevölkerung kursierte. Dort war von der wirklichen Bewertung der Leipziger Demonstrationen die Rede – die Anpassung der Partei an die Meinung der Öffentlichkeit war zu jenem Zeitpunkt pure Heuchelei.

Nichtsdestoweniger ist die DDR im Moment noch immer gut für Überraschungen. Die Hilfsbereitschaft der BRD ist – verständlicherweise – an Bedingungen gebunden. Ist die DDR nicht bereit, diese Bedingungen zu erfüllen, wird sie erleben, wie die kapitalistischen Quellen versiegen. Zöge sich die DDR aus eigener Kraft aus dem Sumpf, so wäre dies eine große historische Chance für das Entstehen eines neuen DDR-Bewußtseins. Doch scheint sie unwahrscheinlich angesichts der Defizite auf allen Gebieten.

Was bleibt, ist zunächst die Bewegung der Massen, die am Leben gehalten werden und übergehen muß zur eindeutigen Formulierung aller politischen und sozialen Forderungen. Gelingt es nicht, ein dem bisherigen schlechten Sozialismus weit überlegenes Programm zu formulieren, wird es allenthalben zu faulen Kompromissen kommen.

ELKE ERB

Selbständigkeit

1949 kam ich, elfjährig, in die DDR (von einem Eifeldorf) – und lebe also als ein Teil von ihr, solange sie existiert. Wie denke ich an die Zukunft?

Vor etwa zwei Jahren meldete sich bei mir der Satz: «Es ist absurd, daß Klaus in einer Fabrik arbeitet, die Peter gehört.» Ein Satz, der über alle Überlegenheit des überlegenen Systems hinwegging, der von selbst kam – nach aller Einsicht in die alternativlose Gesetzmäßigkeit, mit der die Vergangenheit den «Gang der Dinge» erzwang und den Gang des Denkens sich unterwarf. Wie die Meldung eines abgesandten Arbeiters und Auftragserfüllers zurückkommt, folgerichtig, kam der Satz, ein selbständiges, (daher?) spontan scheinendes Urteil. Seine Leistung war die Verwandlung der Gegebenheiten des Menschenwerks in ein Werk der menschlichen Intelligenz, und er wies (mit dem Ausdruck der unbestreitbaren Entdeckung) auf eine faule Stelle darin: absurd. – Kein Verweis auf Realität (Leistungsbeweis) kann dieses Urteil anfechten, keine Bestätigung aus dem moralischen Vorrat (Knechtschaft, Ungerechtigkeit) kann es demoralisieren. Der Satz weist nicht weiter, aber er verlangt, daß man von ihm ausgeht.

Vor dem Wort-Ort «absurd» denke ich jetzt flüchtig im Rückblick: Dann ist es ja freilich auch kein Wunder, daß – – – ein nur erster Schritt weg von dem Privateigentum an Produktionsmitteln nicht weit abführt von dem Absurden. Schon der Begriff «Volkseigentum» ist paradox, da er dem «Eigentum» ja noch das Wort führt. Wenn die hochentwickelte und wachgehaltene Intelligenz des überlegenen Systems nicht imstande ist, auf diese faule Stelle förderlich überzugreifen, wie soll bloße Enteignung diese mächtige Absurdität entmachten? Das Dilemma der bloßen Umkehrung kennzeichnet die sozialistische Seite immer noch und hat sie geprägt: ihr ständiger Dualismus, ihre «Schwarzweißmalerei», der reaktive Mechanismus, der die kreativen Möglichkeiten nach außen wie nach innen (der Ko-Existenz wie der Existenz) verdarb. Im Unterschied zu der so auf der antikapitalistischen Seite *gespiegelten* Absurdität hat der Antikommunismus auf der Seite der echten Absurdität den wirtschaftlichen Progreß nicht behindert und konnte evolutionär gebraucht, gesellschaftlich abgebaut werden.

Die, soweit die herkömmliche Zivilisation reicht, weltweite Hoffnung auf die Perestroika aber ist nicht nur kapitalistischen Exportinteressen zuzuschreiben, sondern dem Interesse am Sozialismus als Alternative auch für das eigene System. Sieht man das alternative System scheitern, kann diese Sicht dazu dienen, die Duldung der Absurdität zu entschuldigen, sich ihre Überwindung zu erlassen. – Wünscht man dem Sozialismus «mehr Freiheit», «Liberalisierung» (Denkhemmung bezeugt schon diese quantitative – statt grundsätzliche – Konzeption) – möchte man die eigenen Vorteile vereinen mit einer die Intelligenz nicht beleidigenden Form. – Frage, was du in dir fragen kannst (vorbei an deinem «Es ist eben so, es geht nicht anders», vorbei an deiner Unterlegenheit): Willst du, daß Klaus in der Fabrik arbeiten muß, die Peter gehört? (Im Angebot: Klaus soll seine Arbeit in Peters Fabrik nicht verlieren/wiederbekommen.)

Die Hoffnung auf die Perestroika ist, meine ich, nicht gleichzusetzen der gewiß realen Perspektive einer Ausweitung kapitalistischer Produktion und Marktwirtschaft. Auch wenn diese Ausweitung die Kriegsgefahr bannt, den Mißbrauch materieller Güter und menschlicher Substanz (Lebenszeit, Lebens- und Arbeitskraft) in der Rüstung (Armee, Industrie, Politik, Ideologie) also abbauen muß, ist diese Leistung dem von der Hoffnung auf die Perestroika in Schutzhaft genommenen Anspruch unterlegen, denn dieser Anspruch (so unbewußt, unkenntlich und entstellt er sich manifestiert) möchte, meine ich, die Leistungs- und Bewegungsfreiheit (folglich Intelligenz!) des Kapitalismus ohne die von ihm bedingten Schranken, ohne seine Nichtintelligenz.

Ich verkenne nicht, daß der im Namen des Sozialismus produzierte (herbei*geführte*) Mißerfolg seinen Namen so sehr entwertet hat, daß er selbst für den Mißerfolg steht. Ich verkenne auch nicht, daß es das Gewissen entlastet, kann man den nichtkapitalistischen Start als Fehlstart ansehen. Dann ist die eigene Welt die beste mögliche. Basta. Ohnehin kannst du nicht weg.

Wird die Starre schmelzen, mit der das private oder assoziationsprivate oder staatsprivate Profitinteresse der

Rettung der Erde entgegensteht? Kann die chaotische Lethargie auf unserer Seite rechtzeitig überwunden werden? Wird die Perestroika der Diktatur des Marktes gehorchen, ohne ihr zugleich unterworfen zu sein? Das heißt, wird das Menschenwerk, wenn es endlich die Intelligenz aufbringt, nicht mehr zu steuern, was geregelt ablaufen kann – willenlos, steuerlos werden?

Ist es denkbar, daß man heute noch eine bestimmte Industrie auf ein weltmarktfähiges Niveau bringt, ohne zugleich deren Umweltschaden zu verhindern? – Mir scheint, ob wir, um mit unserer Wirtschaft aufzukommen, Produktionsmittel an Kapitalisten verkaufen oder verpachten oder zu Mischformen oder neuen eigenen Formen finden, ist vor dieser Frage, da sie in jedem Fall gilt, nicht entscheidend. Wird es nicht unabdingbar sein, daß in unserer nicht von Eigentumsmächten und hoffentlich auch nicht mehr von Machteigentümern verbauten und entstellten Wirtschaft alternative Energie-Quellen und den Energie-Verbrauch mindernde Varianten einen Freiraum finden, größer als der, den sie je hatten? – Weiter: Ist es denkbar, daß wir mit einer funktions- und weltmarktfähigen Wirtschaft, mit dem wirtschaftlichen und kreativen Gedeihen vielleicht der Mehrheit eine Minderheit produzieren, die arbeitslos mitgeschleppt wird? Können wir darauf verzichten, daß jeder plant, arbeitet, regiert? Und wird etwa hartes Geld für harte Arbeit (wenn wir die blitzsaubere Intelligenz einer solchen Regelung einmal die unsere nennen könnten) ausreichen als Motiv, objektiv (s. Umwelt, s. das Spektrum menschlicher Tätigkeit und Arbeit, in die nicht Profitkapital investiert wird) und subjektiv (s. Demokratie, s. entwickelte Anspruchsfülle)?

Und: Raubbau, Vergeudung, Überfluß. – Wir haben uns wohl bemüht, ein Minimum an Material- und Arbeitsaufwand zu erreichen, haben dabei aber ohne jede Effektivitätskontrolle einen Überfluß des Aufwands an personellem Apparat und Regime entstehen lassen. Wir haben uns wohl bemüht, mit den Produkten dem «Bevölkerungsbedarf» nachzukommen und Devisen herauszuschinden. Aber das «Weltniveau» war erstens ein fremdbestimmtes, und «die Qualität» war zweitens ein von quantitativen Direktiven okkupiertes Ideal: Leistung, Stückzahl, Hetze. Ein Produkt ist so, wie du es machst. Die Mittel heiligen den Zweck. Ein «minderwertiges» Produkt ist unmenschlich. Erzwingt es die Not, Material und Arbeitskraft (Menschenleben) nicht mehr zu vergeuden? An trostlose Produkte? Längst sind Erzeugnisse des Goldenen Westens (und je weiter weg von ihm, desto mehr) zu Zeichen geworden: für Standard, Können, Lebenssinn, Schwung. Wird die (nicht plötzliche, sondern herangereifte – und auch nicht bloß herangequälte –) Befreiung des Selbstbewußtseins, die wir jetzt erleben, sich aufhalten lassen, werden wir uns die ersehnten Qualitäten vorenthalten lassen? Wenn unser Selbstbewußtsein wächst, werden wir dann nicht auch selbstbewußt produzieren und konsumieren? Keine mangelhafte Ware, keine Wegwerfware, wie wir selbst nicht Ausschuß und verwerflich sind. Ich stelle mir Gegenstände und Verfahren vor, die nicht über mich herrschen, die vielseitig sind im Gebrauch und stabil, die ich leicht pflegen und weitgehend selbst reparieren kann (anstatt daß sie mich wegen jeder Kleinigkeit zwingen, Handwerker in Bewegung zu setzen), die nicht verführen, täuschen, prangen und drohen. Mich nicht äffen mit einem bösen Spiegelbild. Wird unsere klobige Schere wieder schlank und flink werden, unsere Mauerkelle elastisch? Wird die sowjetische Kuh nach diesem langen

Spuk wieder aufsteigen vom «Niveau der Ziege» zu dem der Kuh?

Alle diese Fragen hängen zusammen. Mit der bei uns eingetretenen Veränderung hat, meine ich, ein Prozeß begonnen, dessen Unumkehrbarkeit ein total-orientiertes Handeln einschließt, ein Handeln, das in die alten Bahnen, etwa des schädlichen Nutzens, nützlichen Schadens nicht mehr umkehren kann, ohne Kritik, Widerstand und alternative Förderlichkeit in Gang zu setzen.

Zu einem ähnlichen Satz wie dem, daß es absurd sei, wenn Peter arbeiten muß in einer Fabrik, die Klaus gehört, brachten meinen ökonomischen Laienverstand seltsame, wechselhafte (beinahe schabernackartige) Schwund-Phänomene im Sortiment der Kaufhalle, nämlich (nach der Reaktion: «Was soll das? Wollen Sie nun verkaufen oder nicht?»): «Ohne Binnenhandel kein Außenhandel!» Der Gedanke zielte (ebenso wie der andere, erstgenannte, an mir bekannten und unbekannten «realen» Gesetzen vorbei) auf Bedingungen der Intelligenz-Investition: «Wer keinen Binnenhandel betreibt, bei dem reicht es auch für den Außenhandel nicht.» – Andere solche Denkanstöße führte in das Dunkel meiner Inkompetenz die Schlußfolgerung mit: «Unsere treiben Handel um der Produktion willen, sie handeln – um zu produzieren.» Nämlich was heißt das? Abgesehen einmal von dem marternden Brauch, den Sinn von Produktionskennzahlen zur Legitimation des Machtbesitzes zu mißbrauchen: auf dem (allerdings kaum passierbaren) Weg durch solche Sinn-Entstellung hindurch käme die theoretische Konsequenz bei der Gleichsetzung der Ware mit ihrem Gebrauchswert an, in einem ahistorischen Vor- oder Nachzeitlichen also (konjunktiv, nicht indikativ, theoretisch, aber ohne Kritik und Absicht, weil ja die Binnenwarenwirtschaft als Orientierung entwertet ist). Denn ein Handel um der Produktion willen verschließt das Werken autistisch vor dem neuzeitlichen historischen Stand des *Man produziert, um zu handeln* (anstatt diese Errungenschaft zu überholen, was ja wohl die erklärte Aufgabe war).

Ich komme gerade zurück von einem Gang hinter die Mauer. Ich wohne in der Wolliner Straße, an der Grenze zwischen Berlin-Mitte und Prenzlauer Berg. Die Straßen hier, die Wolliner, Swinemünder, Eberswalder..., werden von der Mauer geteilt. Der Vergleich der Wohnlichkeit und des Wohlstands auf beiden Seiten ist niederschmetternd. Daß wir keine Bettler haben, ist wohl kaum daran schuld.

Thema-Wechsel. Wahrscheinlich werden wir eine Demokratie (keinen Block) mit mehreren Parteien haben, aber eine Demokratie, für die es kein Vorbild gibt. Der Bundestag ist als Gremium der Meinungsbildung abstoßend. Gewiß haben wir die Demokratie-Formen der kapitalistischen Zivilisation zu studieren, um die Gesellschaft fördernde Regeln zu finden. Wahrscheinlich brauchen wir Parteien wegen ihrer formierenden Kraft. Da sie aber nicht auf kapitalistischen Profit-Interessen und den dazugehörigen Konkurrenz-Existenz-Interessen basieren können, werden die von ihnen vertretenen Interessen wohl arbeitsteilig thematisch profiliert sein. Sie können sich doch nur nach ihren Kompetenzbereichen unterscheiden. Wie auch immer, die Präsenz eines Mediums wie des Neuen Forums, als offenes Medium der Kritik, der Kontrolle, der gesamtgesellschaftlichen Verbindlichkeit, Verantwortung und Initiative, scheint mir in der Gesellschaft wie in der Volksvertretung unerläßlich, zur Hilfe gegen thematische Erstarrung und Einseitigkeit, zur Anmeldung übersehener und neuer Aspekte, übergreifender oder spezieller, als Träger auch intuitiver Denkansätze, bislang unmündiger, nicht zur Geltung gekommener und/oder neuer Denkweisen und Ideen, als bewegliches Medium und Spiegel ständiger kollektiver Meinungs- und Kompetenzbildung. Die separaten Formen der bisherigen Forschung, Ermittlung und Diskussion reichen dafür nicht aus. Es gefällt mir, daß die Initiatoren und Mitglieder des Neuen Forums statt Direktiven und fixiertem Profil Arbeitsgebiete anbieten und dazu Gruppen gegründet haben. Ich sehe in dieser «Profillosigkeit» eine Direktive, der ich folgen kann. Jedenfalls brauche ich keine Partei, die um mein Vertrauen wirbt. Ich denke, auch mein Sohn, der im zweiten Jahr Maurer lernt, hat dort, wo er arbeitet, kein Vertrauen zu verschenken.

FRITZ RUDOLF FRIES

Braucht die neue Republik neue Autoren?

Alle haben schon immer alles gewußt, und alle, die es gewußt haben, wußten mehr oder weniger – je nach Einsicht in die Notwendigkeit, die für diesen oder jenen mehr oder weniger Freiheit bedeutete. Alle haben schon immer alles gewußt, manche heute weniger als gestern, und haben alle schon immer alles gewußt, so haben die Schriftsteller der DDR eher mehr gewußt und weniger gesagt als sie, als Aufklärer ihrer Leser, im Wettlauf mit der Staatssicherheit gewußt haben; denn diese wußte es am besten. Wer nicht auf sie gehört hat, bekommt heute Hausarrest und Knast. Alle haben…

Doch halt! Um an diesem Donnerstag gegen 13.30 Uhr in Ruhe Betrachtungen anzustellen, müßte ich Radio und Fernsehen ausschalten und die Musik vom Plattenteller nehmen (Anibal Troilo, Buenos Aires 1941). *Musik vor al-*

len Dingen, diese wunderbare Droge seit 40 Jahren, das Land im Fluge zu verlassen… Denn ach, wie viele Möglichkeiten bot doch das *ancien régime* zur Subtilität, zur poetischen Metapher und zum Untertauchen. Waffenschmuggel nur bei Staatssekretären? Auch wir waren stolz auf unsere durchgeschmuggelten Kassiber in diesem deutschen Land, das traditionsgemäß so eindeutig langweilig war. Ein Mann, ein Wort. Aber hatten wir nicht zu Verbündeten die großen Schriftgelehrten auf der anderen Seite des Ufers, die herauszupräparieren verstanden, was der Autor eigentlich sagen wollte? Gebraucht werden in dem einen Teil und gewürdigt werden in dem anderen, das mag in Zukunft nun vorbei sein. Doch weh und ach über die Mißtöne unserer gestrigen Lehrer. Kommt doch neulich einer der würdigsten Literaturpäpste, ein Renegat natürlich, der weiß, wovon er spricht, ins Fernsehen und setzt unsere ganze schreibende Zunft, die im Lande geblieben, in die Asche. Welche Enttäuschung, als sich dabei herausstellt, der Mann, so lange eine federführende, wenn auch cholerische Instanz, kann gar nicht lesen. Ist er, nachdem ihn die Medien zum Spielmeister gemacht haben, dem Schwachsinn erlegen? Er hört nur auf die Sprechblasen, die diese (und auch jene) Autoren seit Jahren, sobald ein Fernsehmoderator sie anzapft, von sich geben. Ein Glück, wer hierzulande seit Jahren seine Blessuren vorzeigen konnte im Kampf mit den Betonköpfen der Macht und den Schriftgelehrten der Ideologie. So etwas kam via Tagesschau an die Massen heran. Das stets blank polierte Bild der Unglücklichen reichte aus, sie zu Auguren zu machen, zu Deutern im Kaffeesatz. Klappentexte statt Bücher, Kurzformeln statt Dialog, das war doch konsumierbar wie die polierten Sprüche der Werbung. Ein Denver der Kultur und unterm Mercedes-Stern in die

Freiheit, und die nachgelieferte Rechtfertigung aus den Denkanstößen der Prominenten war leicht zu erinnern. War das nicht ein Erfolg des hier immer apostrophierten Leselands DDR?

Ich bedaure zur Stunde die Inflation der Begriffe. Die erstaunliche Fähigkeit der Massen sich zu erheben, sich mit Mutterwitz zu verteidigen und aller Welt zu zeigen, daß gerade sie, die am wenigsten gewußt haben, nun alles wissen und alles wollen, ist die nachhaltigste Lehre dieses revolutionären Herbstes. Die Autoren konnten ihnen die Parolen nur nachsprechen. Aber gar so spontan kam es ja nicht aus der Menge heraus: auch da haben die Medien der anderen Seite vorgemacht, wieweit Bürger deutscher Sprache sich mündig äußern können – solange sie nicht an die Substanz des, verkürzt gesagt, Aktienkapitals gehen. Das haben auch die vielen Ausreiser begriffen, die ins Wunderland fuhren, das seinen Glanz und Flitter auf Kosten brasilianischer Wälder und Billigarbeit aus Hongkong entfachen kann. Heldenstadt Leipzig? Aber gewiß doch, nur erscheinen da nicht plötzlich andere Städte reduziert? Etwa die Heldenstadt Leningrad. Ist das nicht eine Maßeinheit, gefügt aus Hunger, Blockade, erfrorenen Menschen, die unvergleichlich bleiben sollte? Eine ketzerische Frage, für die man heute in Leipzig die Prügel derjenigen gewärtigen muß, die nun jede Grenzziehung zertreten wollen. Deutschland erwache! Der Aufstand der Massen wird mit einmal zur Gleichmacherei. Der von rechts souffierte Egoismus der Forderungen führt zurück zu einer Retuschierung der mitteleuropäischen Landkarte. Perestroika in der DDR, da habe ich schon heute das Gefühl, die anderen können einpacken. Wir machen es größer, besser, perfekter und beispielgebend im Vergleich zu Polen und Russen.

Und wer liefert jetzt die Schlagworte? Schon zwei Tage keine Erwähnung des «Nestors unserer Bewegung» im *Neuen Deutschland.* Da bin ich beunruhigt. Schriftsteller als Kronzeugen oder Ankläger – einverstanden; Schriftsteller für die Existenz einer alternativen DDR – da schon johlen die Mas n DDR – da schon johlen die Massen: die haben doch immer alles gewußt, aber sie haben ihr Wissen dosiert, weg also auch mit diesen Privilegierten. Freilich sind wir noch nicht so weit, daß jemand seinen Revolver entsichert bei dem Wort Kultur. Das gab es gestern oder vorgestern, und es mußte nicht immer ein Revolver sein. Schließlich war Fortschritt oft auch nur eine Verbesserung bürokratischer Maßnahmen.

Was soll geschehen? Die Literaten zurück in den Elfenbeinturm? Die Literaten auf die Bestsellermärkte? Das ganze Deutschland, wenn es so aussähe wie die jetzige größere Hälfte, würde auch uns, den Schreibern dieses Landes, diese Alternative bescheren, die keine ist.

Ist da nicht noch etwas? Literatur in diesem Lande ist in ihren Absichten gestiftet worden von den Autoren der Emigration. Die ging bis 1945 und begann für viele ein zweites Mal mit dem «Fall Biermann». Der Aufstand der Massen, wenn er «Heim ins Reich» meint, drückt das zurück, bestenfalls in die Schulbücher. Da nun wehren wir uns, indem wir an den alten Modellen weiterbasteln, an den alten Träumen weiterspinnen – was bleibt ist der Alptraum, denn während die deutsch-deutschen Querelen auch die heißesten Krimis im Fernsehen zudecken, dreht sich die Welt mit ihren alten Problemen weiter. Der Traum vom Kommunismus, von einer Welt also, die jedem Gerechtigkeit gibt, dieser Traum ist nicht am Ende, weil einige Parteien in einigen Staaten einmal mehr die Korrumpierbarkeit des Menschen gezeigt haben. Ist der

Mensch noch immer das Problem, so ist er auch weiter unser Thema.

Alle Macht den Räten, wenn sie vernünftig handeln. Die DDR, die auf ihre Art das Jahr '68 nachholt, sollte uns jene alte Parole in die Feder diktieren: Die Phantasie an die Macht! Doch zunächst die neuesten Nachrichten...

CHRISTOPH HEIN

Die fünfte Grundrechenart*

«Man ist für das Leben nicht eingerichtet», sagte der Philosoph Bobrowski, «man hat seine Natur, seine Sinne, in der Stadt fünf, auf dem Land sieben…, aber das reicht nicht. Da kommen einem nun mancherlei Dinge zur Hilfe: dem Menschen schlechthin Hilfsbereitschaft oder Rücksicht, dem Gesetzesbrecher Strafe und Isolierung, dem Beamten Vorschriften und Anordnungen. So findet man sich zurecht.»

Aber auch das reicht noch nicht, fügen wir hinzu, es war notwendig, den Menschen gründlicher zu schulen, wozu ein landesweit einheitliches Schulsystem und einige Universitäten zur Verfügung stehen. Und wenn das noch

---

* Diese Rede hielt Christoph Hein bereits am 14. September '89 vor dem Ostberliner Schriftstellerverband.

nicht ausreicht, so kann man den Schwer-Belehrbaren anschließend mehrmals zu Schulungen schicken.

Dort lernt er beispielsweise die vier Grundrechenarten, deren Gültigkeit sich freilich vor allem auf die Schule beschränkt. Später – im richtigen Leben, wie es so heißt – erfährt er den schmerzlichen Widerspruch von Theorie und Praxis und lernt die fünfte Grundrechenart anzuwenden, die eigentlich die erste ist, da sie alle anderen umfaßt.

Die fünfte Grundrechenart besteht darin, daß zuerst der Schlußstrich gezogen und das erforderliche und gewünschte Ergebnis darunter geschrieben wird. Das gibt dann einen festen Halt für die waghalsigen Operationen, die anschließend und über dem Schlußstrich erfolgen. Dort nämlich wird dann addiert und summiert, dividiert und abstrahiert, multipliziert und negiert, subtrahiert und geschönt, groß- und kleingeschrieben nach Bedarf, wird die Wurzel gezogen und gelegentlich auch schlicht gelogen. Diese fünfte Grundrechenart dient dazu, den Vorschriften und Anordnungen zu genügen und dennoch der Strafe und Isolierung zu entgehen. Anwendung findet diese Rechenkunst im Privaten wie im Volkswirtschaftlichen, und auch diese Kunst kennt ihre Lehrlinge, Stümper und großen Meister.

In einer Geschichtsbetrachtung, die dieser Grundrechenart huldigt, wird mit Auslassungen, Vernachlässigungen und scholastischen Rösselsprüngen gearbeitet, es wird verschwiegen und geglättet, um aus dem Labyrinth der Geschichte möglichst fleckenlos und schnell zu jenem Ausgang in die Gegenwart zu gelangen, der dem gewünschten Selbstverständnis am nächsten kommt.

Fast jeder Staat der Erde hat Schwierigkeiten mit seiner Vergangenheit und ist daher bemüht, sie für die Gegenwart zu schönen, um sich mit Stolz seiner Geschichte zu versichern und das nationale Bewußtsein zu stärken. Mit dem Slogan *Love it or leave it* reagierte in den USA eine irritierte und genervte Öffentlichkeit, als nach dem Krieg in Vietnam einige Landsleute allzu heftig und nachdrücklich die jüngste Geschichte ihres Landes befragten.

Der deutsche Wortschatz weist dafür die Denunziation «Nestbeschmutzer» auf, eine sehr deutsche Vokabel: Es wird nicht nach der Wahrheit gefragt, sondern eine Bedrohung des gemütlichen deutschen Heims signalisiert. Was da vor Beschmutzung gerettet werden soll, sind die Sofakissen, auf denen man es sich gemütlich machte und die auf jenem Gras liegen, das endlich über die Vergangenheit gewachsen ist.

Geschichte interessiert uns um der Gegenwart willen. Geschichtsbetrachtung ist stets ein Benennen des augenblicklichen Standorts. Die Wertungen der Geschichte sind von aktuellen Interessen nie frei und wirken auf die gegenwärtige Gesellschaft ein. Der westdeutsche Historikerstreit von 1986, in dem auch eine Um- und Neubewertung des Faschismus und seiner Verbrechen und der Ursachen des Zweiten Weltkrieges versucht wurde, hatte – so behaupte ich – Auswirkungen auf die westdeutsche Gesellschaft. *Nach* diesem Streit, der die Medien und die Öffentlichkeit stark beschäftigte, gelang es einer Partei, die als rechtsradikal und sogar faschistisch eingeschätzt wird, in der Gesellschaft Fuß zu fassen. *Vor* dem Streit, als die Schuld des deutschen Faschismus in der BRD noch nicht umstritten war, führten vorhandene vergleichbare Parteien in der westdeutschen Gesellschaft nur ein Schattendasein. Ich erwähne dies, um auf den Zusammenhang einer Gesellschaft mit ihrer Betrachtung der Geschichte, zumal der jüngeren Geschichte, zu verweisen.

Unter dem Schlußstrich unserer, uns aus Schule und

Zeitung sattsam bekannten Geschichtsbetrachtung, unter dem Schlußstrich, über den sich dann das als wissenschaftlich, objektiv und gesetzmäßig bezeichnete Gebäude von Fakten, Folgerungen und Bewertungen aufbaut, um den endgültigen und bereits zuvor gezogenen Schluß zu beweisen, stand und steht das kräftige Wort vom «Sieger der Geschichte».

In Schule und Universität, in unseren täglichen Zeitungen wurde und wird uns Geschichte nie anders vermittelt: Alles Vorhergehende war ein notwendiger und zielgerichteter Weg des historischen Weltgeistes, um zu diesem Staat und zu dieser Gesellschaft zu führen, zu uns. Wir sind, das war das Ziel der langjährigen Unterrichtung, die Sieger der Geschichte. Das damit verbundene Sieges- und Glücksgefühl wird nicht allein durch ein paar Widrigkeiten des Alltags konterkariert; verwunderlich ist die fehlende Dialektik dieser Geschichtsschreibung, die sich überdies auf die Dialektik beruft. Geschichte nämlich kennt keinen Abschluß, sie ist ein unendlicher Prozeß – Unendlichkeit dabei verstanden, wie sie menschlich erfahrbar ist, also das begrenzte menschliche Leben als eine Unendlichkeit nehmend. Folglich kennt die Geschichte gewonnene und verlorene Schlachten, aber sie kennt nicht jenen Schlußstrich, der eine abschließende Formel wie «Sieger der Geschichte» erlaubt. Frühestens am inzwischen nicht mehr undenkbaren Weltende, also in jenem Moment, wo auf dieser Erde das menschliche Leben erlischt, kann diese Spezies von Geschichtsschreibern feststellen, wer der «Sieger der Geschichte» ist, welcher Leiche der Triumph zukommt.

Noch haben wir unsere eigene Geschichte, die unseres Landes und des Sozialismus und der mit uns verbundenen sozialistischen Staaten nicht ausreichend geschrieben. Und nicht ausreichend geschrieben, heißt: nicht geschrieben, das sollten Literaten wie Geschichtsschreiber wissen. Denn ein mit gewichtigen Lücken entstandenes Gebäude existiert nicht wirklich, mit dem ersten Wind wird es zusammenbrechen.

Wenn aber – statt an einer schonungslosen, vollständigen, nichts aussparenden Aufarbeitung unserer Geschichte zu arbeiten – wir in dem im *Neuen Deutschland* erschienenen Artikel «Zur Geschichte der Komintern» wieder mal vermahnt werden, «nicht nur die sogenannten ‹weißen Flecke› und Lücken zu suchen» – denn «täten wir es, würden wir die ganze Wahrheit verletzen» –, so wird damit eine neue Logik geschaffen: Nach der klassischen und der mehrwertigen Logik, ist nun die vieldeutige Logik zu studieren.

Selbstverständlich wäre eine Geschichtsbetrachtung, die sich lediglich auf die durchaus nicht zufälligen «weißen Flecke» unserer Geschichte richtet, mehr als nur unvollständig. Ein solches Geschichtsbild wäre gleichfalls verlogen. Aber wenn diese Warnung nur dazu benutzt wird, um die damit zugegebenen Auslassungen in unserem Geschichtsbild nicht zu korrigieren, weil sonst die Gefahr bestünde, «die ganze Wahrheit zu verletzen», so ist das Heuchelei und demagogische Scholastik.

Auch in unserem Land gab es in der Stalinzeit politische Prozesse, bei denen die Angeklagten unter abenteuerlichen Beschuldigungen zu mehrjährigen Freiheitsstrafen – teilweise in Einzelhaft – verurteilt wurden. Besonders empörend für mich war, als ich erfuhr, daß man den Zellenschließern, die mit den Gefangenen nicht sprechen sollten, mitgeteilt hatte, diese Gefangenen seien Nazikriegsverbrecher. Eine Lüge, die für die Inhaftierten nicht zu entlarven und für die Zuchthausbeamten, auch sie

«Sieger der Geschichte», glaubhafter und beruhigender war als die Wahrheit. Eine Lüge, weil man nicht einmal den Zellenwächtern die Wahrheit zu sagen wagte.

Und als eines dieser Opfer, Jahre nach seiner Inhaftierung, bei seinen Genossen im ZK anfragte, ob man nicht endlich gedenke, ihn zu rehabilitieren, bekam er die Antwort: «Aber was willst du? Diese alte Geschichte ist längst vergeben und vergessen.» Er erwiderte: «Daß ihr sie vergessen habt, glaub ich: Ich habe sie nicht vergessen.»

Ein Wort wie das von den «gutgemeinten Unterlassungen von Einzelfragen» ist unerträglich, wenn mit diesen «Unterlassungen» auch die Stalinschen Lager und die Opfer des Stalinismus – nach Angaben von sowjetischen Historikern sind es fünf bis achtzehn Millionen – gemeint sind. Worte wie «tragische Ereignisse» und «zeitweilige Verletzung der Leninschen Normen» wollen und können diesen Terror nicht benennen und nähren den Zweifel, daß diese «Unterlassungen» gutgemeint seien.

Wenn der Kampf der Antifaschisten und Kommunisten gegen Hitler, wenn die von den Faschisten Ermordeten dazu benutzt werden, die andere Wahrheit zu verschweigen, zu vernachlässigen oder als «gutgemeinte Unterlassung» zu kennzeichnen, wenn «rote Ströme vom Blut der Besten» gegen die «weißen Flecke» gesetzt werden, so ist das Demagogie und Geschichtsfälschung. Und nicht zuletzt schmäht es eben diese Opfer, die im Kampf gegen den Faschismus fielen und im Kampf für eine andere, menschenwürdige Welt.

Ein Beispiel für die geschichtsfälschende Darstellung gab jüngstens der erwähnte Artikel «Zur Geschichte der Komintern». Stalin, heißt es da, «hatte kein Diktat über die Komintern. Zwei von zahlreichen Beispielen sollen hier erwähnt werden.»

Und dann wird dargelegt, daß auf dem V. Kongreß der Komintern Thälmann entgegen den Wünschen des Vorsitzenden Stalin vorgeschlagen hatte, die beiden Fraktionen der polnischen KP mögen allein über das Schicksal ihrer Partei entscheiden.

Daraus folgern die Autoren des Artikels, daß «a) diskutiert wurde und b) daß Thälmann und unsere Partei in dieser sehr komplizierten und schicksalhaften Situation der PKP eine mutige internationalistische Haltung bezogen».

Dazu ist erstens zu bemerken, daß die Autoren damit nicht «zwei von zahlreichen Beispielen» nennen, sondern nur eins, aus dem sie zwei korrekte Folgerungen ziehen. Und zweitens, wenn die Autoren an dieses gewählte Beispiel in einer Klammer anfügen: «Leider wurde der Vorschlag Thälmanns nicht angenommen» – so kann dieses Beispiel zwar belegen, daß diskutiert wurde und daß Thälmann mutig war, aber es kann nicht beweisen, daß die Komintern nicht unter dem Diktat Stalins stand. Ungewollt beweist das einzig gewählte Beispiel eher das Gegenteil.

In dem gleichen Artikel wird der Hitler-Stalin-Pakt von 1939 angesprochen und dazu die Einschätzung Thälmanns als noch heute gültig und verbindlich vorgetragen.

Den Hitler-Stalin-Pakt – dessen geheime Zusätze bislang für antisowjetische Propaganda angesehen, aber inzwischen auch von der sowjetischen Seite bestätigt wurden – noch immer als einen Nichtangriffsvertrag zu bezeichnen, verrät eine stalinistische Sicht der Geschichte. Die bislang geheimen und lange bestrittenen Zusätze des Hitler-Stalin-Pakts lassen aus marxistischer Sicht nur eine Bewertung zu: Es ist ein Pakt, um Interessensphären und die Aufteilung und geplante Annexion fremder Staaten miteinander abzustimmen. Daß einer der beiden an diesen Pakt glaubte, der andere ihn nie einhalten wollte und dem Partner bald darauf den Krieg erklärte, ändert nichts am imperialistischen Charakter des Pakts.

Wäre 1939 der vollständige Vertrag bekannt geworden, er hätte in der Welt und in der kommunistischen Bewegung weit mehr als nur «große Verwirrung» ausgelöst.

Und es ist verlogen und für einen Historiker entlarvend, einen gewichtigen Kronzeugen, nämlich Thälmann, für sich zu benennen, der die wichtigsten und entscheidenden Teile des Vertrages nachweislich nicht kannte und nicht kennen konnte.

Keine Macht und kein Mensch hat der Sowjetunion und der kommunistischen Idee schwereren und nachhaltigeren Schaden zugefügt als Stalin. Noch heute kämpft die Sowjetunion mit den fast unlösbaren Problemen, die das Land der Stalinschen Politik verdankt.

Stalin – das ist auch ein Problem des deutschen Sozialismus, der DDR. Noch immer kennen wir die Wahrheit nur andeutungsweise, denn die offiziellen Formulierungen wie «in der Sowjetunion unter falschen Anschuldigungen verhaftet» oder «von ungesetzlichen und ungerechtfertigten Repressalien betroffen», sind Andeutungen, die Geschichte nicht erhellen, sondern verdecken sollen.

Noch wird Stalin und der Stalinismus von unserer Geschichtsschreibung höchst unvollständig erfaßt und mit den üblichen «gutgemeinten Auslassungen». Noch wissen unsere Geschichtsschreiber nur etwas von «tragischen Ereignissen», als sei damals Stalins Sowjetunion von einer Naturkatastrophe heimgesucht worden.

Stalin brach Hitler das Genick, das ist eine unbestreitbare Wahrheit, die keiner vergessen soll. Aber Stalin brachte auch seine Genossen und Millionen seiner

ir, auch der Verband, sollten den Staat zu diese[r]
[Einig]keit und zu diesem Dialog drängen. Es ist eine
[r] Hygiene: Wir, die Schriftsteller, die Mitglieder
[der Künst]lerverbände und der Akademien, die Intellektu-
[ellen des] Landes, wir werden eines Tages die Frage zu
[beantwo]rten haben: «Wo wart ihr eigentlich damals? Wo
[blieb] euch eure Haltung? Wo blieb euer – und sei's noch so
[gewich]tiges – Wort?» Und dann wird uns keine noch so
[klug un]d geschickte Antwort vor der Scham schützen
[müssen], wenn wir heute noch immer schweigen.
[Da]mals: Sicher trennt uns einiges von denen, die ge-
[gangen] sind und noch gehen wollen. Ganz gewiß unter-
[scheide]n wir uns darin, daß wir eben hierbleiben wollen,
[um die]se Gesellschaft zu verändern und zu verbessern.
[Aber di]e, die gehen, sind unsere Kinder und Mitbürger.
[Und wi]r sind für sie und ihr Weggehen verantwortlich,
[und wi]r müssen den Staat an seine Verantwortung für
[diese K]inder und Mitbürger mahnen. Um unserer selbst
[willen,] damit diese Gesellschaft, unsere Gesellschaft,
[endlich] gesundet.

Landsleute um. Auch das ist eine unbestreitbare Wahrheit. Und wer so verschiedene Wahrheiten nicht erträgt
und die eine mit der anderen zu verdecken und auszu-
löschen sucht, fälscht die Geschichte.

Ich will einige Zahlen nennen, die von sowjetischen
Historikern stammen und in den Zeitungen der Sowjetunion wiedergegeben wurden:

Von 29 Mitgliedern und Kandidaten des ZK der KPdSU
wurden 14 von Stalin ermordet.

Von 60 Mitgliedern des revolutionären Militärkomitees
des Petrograder Sowjets wurden 54 ermordet.

Außer Kollontai, Muranow und Stalin selbst wurden
zwischen 1935 und 1940 die restlichen Mitglieder der ersten sowjetischen Regierung umgebracht.

Von den 1986 Delegierten des XVII. Parteitages im Jahr
1934, bei dem Stalin 300 Gegenstimmen bekam, wurden
1108 Delegierte Repressalien ausgesetzt.

Von den damals gewählten 139 ZK-Mitgliedern und
-Kandidaten kamen 110 in Lagern und Folterkammern
des NKWD (Volkskommissariat für Innere Angelegenheiten) um.

Vom Kommandostab der Roten Armee wurden schät-
zungsweise 40000 Offiziere getötet.

Und das ist nur die Spitze des Terrors.

Nach den gleichen Moskauer Quellen soll 1927 bei Stalin eine Paranoia diagnostiziert worden sein, und zwar
durch Bechterew, der damals größten Autorität in der Sowjetunion. Bechterew, über den die Zeitgenossen sagten:
«Die Anatomie des Gehirns kennen nur zwei ausgezeich-
net: Gott und Bechterew», kam sofort unter recht merk-
würdigen Umständen ums Leben. Sein Sohn wurde später verhaftet und zu zehn Jahren verurteilt, tatsächlich
aber wenige Monate nach der Urteilsverkündung er-

schossen. Dessen Frau wurde zu fünf Jahren verurteilt, von diesen fünf Jahren verbrachte sie acht (!) Jahre im Straflager. Die Familie hat nie erfahren, weshalb sie zum Tode beziehungsweise zur Lagerhaft verurteilt wurden.

Stalins Geisteskrankheit ist also nicht beweisbar, aber viele seiner Taten in den folgenden zwei Jahrzehnten stützen die Vermutung.

In einem Gespräch mit Veljko Micunovic, dem damaligen jugoslawischen Botschafter in der UdSSR, sagte Chruschtschow am 2. April 1956 im Hinblick auf sein Geheimreferat und den XX. Parteitag: «Wir mußten mit Stalin so verfahren. Er führte die Sowjetunion in die Katastrophe. Je älter er wurde, um so stärker entfaltete sich sein krankhaftes und entartetes Naturell. Unter der Last von Alter und Krankheit hat sich Stalin in seinen letzten Lebensjahren durch Filme, die man speziell für ihn herstellte, über Rußland und die Welt unterrichten lassen. Er herrschte in der Überzeugung, daß in der Sowjetunion alles bestens gedeihe.» («Moskauer Tagebücher 1956–1968»)

Speziell hergestellte Filme und eine speziell hergestellte Geschichtsschreibung können uns zwar die Illusion geben, daß alles bestens gedeihe. Aber solche Illusionen sind für uns letztlich tödlich, da sie uns unfähig machen, unsere Gegenwart zu bewältigen. Und dann sind wir nicht die «Sieger der Geschichte», allenfalls die «Sieger der Geschichtsschreibung». Und Hybris war stets der Anfang vom Ende.

Ich bitte Sie, noch eine kurze Anmerkung machen zu dürfen, die mit dem Thema Geschichte, Geschichtsschreibung und Schriftsteller durchaus zu tun hat, auch wenn es sich dabei um stattfindende Geschichte handelt.

Es macht mich krank, es macht mich physisch und

psychisch krank, in einem L[...]
nen, in denen fortwährend B[...]
und ausreisen.

Es macht mich krank, di[...]
Kommentare der westlicher[...]
Kommentare in unseren Zei[...]
gang zu banalisieren und zu[...]
sie nicht die Ursachen nenne[...]
wenn im staatlichen Fernseh[...]
angestellt wird, mit der man d[...]
ser Auswanderungswelle bew[...]
ter ein Kind verliert, so ist es s[...]
zeihlich, ihr vorzurechnen, si[...]
Prozentsatz ihrer Kinder verlor[...]

Und die aus unserem Land g[...]
sind unsere Kinder, sind unser[...]
bürger. Dieser Verlust ist nicht[...]
unersetzlich.

Es macht mich krank, in einer[...]
sich immer wieder Mitbürger m[...]
mit einem Aufwiedersehen vera[...]
darüber verzweifelt, daß der Staat[...]
luste für bedeutungslos hält, jede[...]
los, daß er es nicht für notwendig[...]
für diesen ständigen Verlust zu bek[...]
krank, weil die Gesellschaft irgen[...]

Der Staat und die Gesellschaft m[...]
Ursachen dieses Verlustes bekämpf[...]
ten, diesen Aderlaß ohne Gewalt o[...]
beschränkende Gesetze zu stoppe[...]
mehrere Möglichkeiten, allerdings g[...]
vor nicht ein offener Dialog zwisch[...]
gierten darüber stattfindet.

Auch w[...]
Öffentlic[...]
Frage de[...]
der Küns[...]
ellen de[...]
beantwo[...]
zeigte si[...]
ohnmäc[...]
kluge u[...]
können[...]

Noch[...]
gangen[...]
scheide[...]
um die[...]
Aber d[...]
Auch w[...]
und w[...]
diese [...]
willen[...]
wieder[...]

Aschermittwoch in der DDR

Die großen, die erhebenden Momente sind vorbei – auf dem Ring zu Leipzig, als die Masse plötzlich skandierte «Wir sind das Volk!», und zu Berlin, auf dem Alexanderplatz, als die Menschen, jetzt eine Million stark, begriffen, daß sie über Nacht gelernt hatten, aufrecht zu gehen, und eine Art kollektives Aufatmen hörbar wurde, und schließlich am Übergang Invalidenstraße, als die Grenze sich auftat und die Leute, fassungslos noch, einander in die Arme fielen und erst der eine es sagte, dann der andere, und dann ein dritter und vierter: «Wahnsinn!»

Danach, Aschermittwoch. Aus dem Volk, das nach Jahrzehnte Unterwürfigkeit und Flucht sich aufgerafft und sein Schicksal in die eigenen Hände genommen hatte und das soeben noch, edlen Blicks, einer verheißungsvollen Zukunft zuzustreben schien, wurde eine Horde von Wütigen, die, Rücken an Bauch gedrängt, Hertie und Bilka zustrebten auf der Jagd nach dem glitzernden Tinnef. Welche Gesichter, da sie, mit kannibalischer Lust, in den Grabbeltischen, von den westlichen Krämern ihnen absichtsvoll in den Weg plaziert, wühlten; und welch geduldige Demut vorher, da sie, ordentlich und folgsam, wie's ihnen beigebracht worden war zu Hause, Schlange standen um das Almosen, das mit List und psychologischer Tücke Begrüßungsgeld geheißen war von den Strategen des Kalten Krieges.

Aber es ist ja verständlich. Wie lange haben sie warten müssen, die Armen, bis sie das da berühren durften, beäugen, beriechen, betasten, das bunte Zeugs, auf den Regalen zu riesigen Türmen gehäuft, und kein «Gibt's nicht» und kein «Hamwa nich», nur das höhnische Lächeln der Mädchen an der Kasse – die ganze westliche Hälfte Berlins, der ganze westliche Teil des Landes ein einziger riesiger Intershop, reich an Waren und glänzend.

Nicht sie sind schuld, diese Vergierten, an ihrer Entwürdigung; schuld sind die, die da in dem Land hinter der Mauer eine Wirtschaft führten, in welcher Mangel an Logik zu Mangel an Gütern führte und selbst der beste Wille und die beste Arbeit zu Ineffizienz und schäbiger Frucht verkamen.

Doch das ist das Geringste noch der neuen Realität. Das ganze verkrustete Gefüge dieses Staates ist aufgebrochen, der Putz zerbröckelt – und es stellt sich heraus, wie wenig Solides darunter lag. Erschreckende Erkenntnis, denn, das ist die andere Seite, es wurde ja nicht nur geschludert, geheuchelt, betrogen, es haben sich Menschen ja auch gemüht, ehrlichen Herzens, und haben trotz aller Behinderungen manch Gutes zutage gefördert, das nun, zusammen mit dem Schmutz und den Torheiten dieser Jahre, auf dem geschichtlichen Kehrichthaufen zu landen droht. Eine Art Anarchie breitet sich aus, da jeder Beamtete tunlichst ein neues Bäumchen sucht bei dem allgemeinen Bäumchen-wechsle-dich; zögernd, aber doch, tritt einer nach dem anderen der ehemals Mächtigen ab; nur wer ist da, der ihre Stelle einnimmt? Wo ist das Schattenkabinett, das stets im Westen bereite, wo die Reservepartei, die den Laden übernehmen und eine neue Ordnung schaffen könnte?

Jetzt rächt sich, daß die großen Alten jedem Talent, das nach ihnen hätte kommen können, den Kopf absäbelten; und was nützt eine Opposition, die nichts ist als ein Tohuwabohu quirlender Meinungen; und weiß denn einer, wes Süppchen an den heißesten Stellen brodelt und wer wirklich Bedeutungsvolles vertritt und wer nur Gerüchte verbreitet und Unausgegorenes und seine Eitelkeiten dem Volke zur Schau stellt?

Und wo, in des Dreiteufels Namen, bleibt die neue Konzeption, die so nötig und dringlich gebraucht wird? Weiterhin Sozialismus – ja oder nein? Und wenn ja, welcher Art Sozialismus denn? Mit wieviel Prozent Marktwirtschaft, welchen Besitzverhältnissen?

Und die Menschen, ob Genossen oder nicht, so lang auf die einzig richtige Linie getrimmt, sind unsicher geworden nach der Abschaffung des leitenden Fadens. Um so offeneren Herzens sind sie, und so wird jeder Scharlatan, west- oder östlicher Herkunft, seine Gauklersprüche ihnen eintrichtern können.

Die Menschen in dieser DDR, die neu aus der Taufe gehoben wurde vom Volk in den Oktobertagen, haben sich aufgemacht auf die Suche nach Wahrheit. Aber was ist die

Wahrheit? Und welche Wirren noch, bis sie sich heraus-
kristallisiert haben wird?

Und wieviel Zeit bleibt uns?

Denn die Uhr läuft. Trotz aller Mühen, trotz Wende und
Wandlung, Neuerung und Reform, Veränderung, Umkehr,
Umgestaltung, wie man's auch nennen will, der Sand,
dessen Rieseln den ganzen Prozeß auslöste, rinnt weiter;
selbst die Reisefreiheit, gedacht als Verlockung zum Bleiben, bewirkte wenig: Wie viele waren's ihrer im November, die das Land auf Nimmerwiedersehen verließen zum
Notquartier in den Turnhallen und Kasernen der Bundesrepublik – hunderttausend? Oder mehr noch?

Wenn das so weitergeht, läßt sich der Tag berechnen, an
dem die Republik funktionsunfähig geworden sein wird:
die Innenstädte kaputt, die Infrastruktur ein durchlöcher-
tes Geflecht; keine Ärzte mehr und Krankenschwestern,
keine Postboten und keine Kraftwerksarbeiter, keine Pfla-
sterer, Tischler, Bauern, Verkäufer, Transporteure – nur
noch Rentner und Verwaltungsbeamte, die nichts mehr zu
verwalten haben, und ein verlorener Haufen von Geheim-
polizisten und ein paar Künstler, die auf ein neues Publikum hoffen.

Klingt hart? Aber so hart muß es klingen, wenn man
will, daß wir uns jetzt, jetzt, jetzt zusammenraffen. So hart
muß es klingen, wenn man will, daß endlich Klarheit in
die Köpfe kommt über die Kardinalfrage: Wollen wir die
DDR, oder wollen wir sie nicht, wollen wir sie trotz der
Krise, in die sie gestoßen wurde von einer inkompetenten,
phantasielosen, diktatorischen Regierung?

Manchmal scheint es, als säßen da zu Bonn oder Frankfurt oder sonstwo in der Bundesrepublik im stillen Büro
einer Denkfabrik ein paar Kerle, die nach genauem Kal-
kül, mal lockerer, mal fester, an der Schlinge ziehen, die

dem Esel um den Hals liegt, wobei sie dem Tier Finanz-hilfe, Know-how, Managerial Help, Joint-venture und was noch vor die Nase halten, um das Bündel dann um so hö-her schnellen zu lassen: Aber erst müßt ihr dies tun und jenes ändern und das uns garantieren; bis das arme Vieh, bepackt und geplagt, in die Knie geht und es vorzieht, sich schlachten zu lassen.

Was wäre dagegenzusetzen? Moral, sozialistische gar? Liebe zu einem Land, das ein Stück nur ist eines größeren und ursprünglich nichts war als eine willkürlich abge-grenzte Besatzungszone? Ein Zugehörigkeitsgefühl zu einer Gemeinschaft, die sich verschwor, eine neue Welt zu errichten, eine gerechtere? Aber wie wurde Schindluder getrieben mit solchen Zukunftsvisionen von einer Partei, die sich als die führende bezeichnete!

Und doch, und doch: Irgend etwas, zu neun Zehnteln ver-schüttet, ist in den Menschen geblieben von den Träumen und Idealen, die ihnen, obzwar entstellt durch die Phra-seologie des Stalinismus, einst überliefert wurden, und eine Hoffnung ist da, gegen alle Wahrscheinlichkeit, an die man sich klammern könnte. Dem ließe sich entgegen-halten: Gehofft haben wir die ganzen Jahre, bevor es die Mauer gab, und danach auch noch; jetzt wollen wir Re-elles, und wir wollen es jetzt, nicht erst in ferner Zukunft. Gut, reden wir darüber.

Reden wir über die Einheit. Tatsache ist, zwei kapitali-stische deutsche Staaten sind nicht vonnöten. Die Raison d'être der Deutschen Demokratischen Republik ist der Sozialismus, ganz gleich in welcher Form, ist, eine Alter-native zu bieten zu dem Freibeuterstaat mit dem harmlo-sen Namen Bundesrepublik. Einen anderen Grund für die Existenz eines ostdeutschen Separatstaates gibt es nicht;

nur als militärisches Vorfeld zu dienen den Marschällen der Sowjetunion ist Nonsens im Zeitalter atomarer Totalvernichtung, und was auch für Vorwände man für einen solchen Status erfände, sie würden sich nur allzubald als fadenscheinig erweisen.

Und wurde die Existenzkrise der Deutschen Demokratischen Republik, wenn man's bedenkt, nicht herbeigeführt durch gerade diese Konstellation, in Reykjavik damals, im Gespräch des amerikanischen Präsidenten Ronald Reagan mit dem sowjetischen Staats- und Parteichef Michail Gorbatschow, als der jenem klarzumachen verstand, daß angesichts des atomaren Patts Friede zu herrschen habe zwischen den Blöcken, ja, die Blöcke selber überflüssig geworden, Europa, die Welt, ein gemeinsames Haus?

Tatsache ist ferner, daß die stalinsche Wirtschaft, die hinter der Mauer so lange im Schwang war, nunmehr bankrott ist; bankrott ist der Staat, und ob er sich, dem Baron von Münchhausen ähnlich, an seinem eigenen Haarzopf aus dem Sumpf zu ziehen imstande sein wird, ist zu bezweifeln.

Bleibt als Retter, da die Sowjets ihre eigenen Probleme zu bewältigen haben, nur der Westen, insbesondere die Bundesrepublik, die so lange auf just diesen Moment gewartet und das ihre dazu getan hat, ihn irgendwann endlich herbeizuführen. Doch wär's nicht eher naheliegend, daß man dort die Arme verschränkt und lächelnd abwartet, bis der schon halbtote Kadaver alle viere von sich streckt, um ihn danach auszuschlachten?

Derart Gedanken werden gedacht; aber auch andere, von anderen Leuten. War nicht die Stabilität Europas, die all die schönen demokratischen Entwicklungen im

Osten – in Polen, der Sowjetunion, Ungarn, der DDR und der ČSSR – erst auslöste, begründet auf der Existenz zweier deutscher Staaten? Was für eine Stabilität würde das denn wohl sein mit einem neuen Großdeutschland, dieses beherrscht von Daimler-Messerschmitt-Bölkow-Blohm und der Deutschen Bank? Und wie weit wär's von da bis zu der Forderung nach den Grenzen Großdeutschlands von 1937, und nach noch weiter erweiterten Grenzen darüber hinaus? Und das mit der Atombombe im Köcher?

Ist die DDR vielleicht nicht nur attraktiv für die, die da von einem wirklichen Sozialismus auf deutschem Boden träumen, sondern auch für ganz nüchtern denkende Geschäftsleute und Politiker? Was bräuchte es denn wirklich an Hilfe für das angeschlagene Land? Und was für Um- und Neuordnungen bräuchte es, ohne alles nachzuäffen, was im Westen gang und gäbe, um die Wirtschaft der DDR auf Trab zu bringen und interessant zu machen für Investoren? Läßt sich eine Konföderation vorstellen zwischen zwei verschieden gearteten Wirtschaftssystemen, welch Konföderation allmählich überleiten könnte zu einer von zwei Staaten mit verschieden gearteten sozialen Systemen?

Und wieviel Zeit bleibt uns? Die Regierung, die eine provisorische ist, lebt von einer Demonstration zur anderen und reagiert zumeist nur, statt eigne Gedanken zu zeigen; und die neuen Gruppen, die ihre Sprecher vorschicken zu den versammelten Massen, sie ahnen, fürchte ich, nur wenig von dem auch ihnen drohenden Schicksal.

Wenn alles weiter so schleift wie bisher, wenn auf dem Gebiet, das wirklich zählt, bei Wirtschaft und Währung, sich nicht wirklich Entscheidendes ändert, wird der Tag kommen, da die Arbeiter der Versprechungen müde sein werden und die Betriebe verlassen und sagen: Mag der Nächstbeste den Krempel übernehmen.

Wer dieser Nächstbeste wäre, ist hinreichend klar. Und dann würde die DDR tatsächlich nicht nur verkauft werden, sondern verschenkt.

Die Uhr läuft.

SARAH KIRSCH

Kleine Betrachtung am Morgen des 17. Novembers

Man liest und hört heutzutage allerorten von der sanften oder zivilisierten Revolution – der ersten, die in Deutschland gelungen. Ein Schmetterlingsglaube ist das, leichtfertiges Plappern. Bei jeglicher Hochachtung vor den Demonstranten, die schon auf die Straße gingen, als nicht garantiert war, daß ein Befehl zu prügeln, zu schießen ausbleiben würde, bei aller hohen Freude um diese friedlich durchsiebte Mauer, der Begeisterung, sich in den west-östlichen Armen zu liegen, einer geringen Genugtuung auch, daß die Volkskammer sich etwas gemausert – aber wenn ich die Revolution nennen höre, und die Menschen meinen, sie hätten sie schon, springt mein Herz wie 'n Ei im kochenden Wasser, und ich klappre vor Angst, was alles dazwischengerät, bevor sie eingefahren ist, die schöne Revolution.

Selbstverständlich frage ich mich, ob es hier auf dem Planeten eine vollendete Revolution jemals gab, geben kann. Forsche nach dem, was ich bei Bruder Marx, Schwester Rosa gehört hab, was an hehren und patenten Ideen man rausleuchten sah. Kurz und knapp: Ihr sollt nicht prahlen und nichts berufen. Aus dem Fell des Bären keine Budjonny-Mützen herstelln, vor ihr ihn nicht habt! Nie vergessen, daß diesz der Anfang erst ist! Die schärfsten Forderungen sind kaum formuliert. Dann müssen sie durchgesetzt werden. Sanft oder hart – ach Angst und Noth! – kann man von dieser gerade begonnenen Veränderung sagen: wenn es Die Freien Wahlen *wirklich* gegeben hat. Wer weiß, wann es ist? Die höheren SED-Mitglieder versuchen an allen Ecken und Enden zu mogeln.

Haben den Reformpelz flott übergeknöpft. Ihr schönstes bleckendes Lächeln noch aufgesetzt – ihr seht es ja selbst. Und daß Vorsicht geboten nun ist und zu vermehren. «Nach vorn muß alles wie Demokratie aussehen, und hinten, da haben wir die Fäden fest in der Hand!» war das Rezept stets der Genossen. Ist noch der Traum von Herrn Modrow. Da täuscht mich kein natürliches Wollfett.[*]

Ich wollte – und will jeden Tag rufen: Die Revolution ist noch nicht in der Tasche! Da siehe du zu und ich und jeder, der sie ersehnt. Ihr schlimmster Feind ist die von Genossen angerichtete fürchterlich darniederliegende Ökonomie. Welche die Selbständigkeit dieses Staates gefährden kann. So muß, wer es zu verantworten hat, und auch die armen zerfallenen Städte, zur Verantwortung gezogen werden. Seine Partei hinweggefegt. Das gehört zu einer Revolution. Erschwert wird sie, wie immer in

---

[*] «Er ist so teufesschwartz als er sich weiß kann machen.»
Andreas Gryphius (1616–1664)

Deutschland, durch unzählige Mitläufer wieder. Ein Denkmal für das Unbekannte SED-Mitglied! Das «da» hineinkam, weil die Mächtigen es nicht anders wollten und «weil man sonst nicht mal Meister werden konnte mit trockenem Hintern». Die, und es sind Millionen, nun Komplizen sind oft gegen den eigenen Willen.

Menschen fallen uns ein, von der real existierenden Staatsform dermaßen betrogen oder blessiert, daß sie keinen Finger mehr krumm machen können, nur rennen. Und jene, die weiterhin abhaun, diese knallharten Realisten, sie wolln wir als Zünglein an der Waage betrachten. Empfindlich wie 'n gläserner Nachttopf, ein Kurs an der Börse, für die Chancen der Revolution.

Und während man mit ihr voll befaßt ist, mitten in der Freude wohl auch, muß man den Wald vor Bäumen noch sehn. Skelette von Bäumen. Es muß die Revolution von Anfang an eine *Grüne* ja sein, weil sonst alles Denken und Handeln umsonst ist.

HELGA KÖNIGSDORF

Im Gegenlicht

Vielleicht
Fragt man uns
Später
Nach diesem Herbst
Nach den gläsernen Tagen
Und dem Morgen
An dem die Melisse erfror
Ach wir
Die wir kaum noch Schatten warfen
Und vor den Feuern in den Wipfeln
Und der Fäulnis unter den Buchen
Die Augen schlossen
Waren in jenem Herbst

Helden, Toren und Komödianten
Nichts galt mehr
Nicht unsere Lieben
Nicht unsere Jahre
Wir schliefen fast nie
Ein jeder trug nun
Am zweiten Gesicht
Wir brauchten einander
Genügten doch nicht
Unsagbar schwer
Pulsierte das Leben
Von innen her
Vielleicht
Fragt man uns
Später
Nach diesem Herbst
Als auf den Straßen
Bevor der Winter nahte
Die Zukunft gewann
Ach wir
Die wir dann
Im Gegenlicht die Augen schließen
Wie werden wir müde sein

UWE KOLBE

Gebundene Zungen. Ein offener Brief

Austin, Texas, den 8. 11. 89

Liebe Bärbel Bohley,

soweit ich informiert bin, reduzieren sich die Forderungen des Neuen Forums, dessen Mitbegründerin Du bist, derzeit vor allem noch auf Allgemeines bzw. darauf, was die rasante Veränderung der Realität im Alltag aufzwingt (Demonstrationsrecht und Gewaltfreiheit etwa).

Konkretester und zugleich wichtigster Punkt Eurer Agenda sind jedoch freie Wahlen, wie sie auf dem heutigen DDR-Territorium immerhin seit 1933 nicht mehr stattgefunden haben.

Es sei dahingestellt, welche neuen Gruppen und Parteien in der Lage sind, sich bis zu jenem Zeitpunkt – der so nah wie möglich sei – derart zu konstituieren, daß sie mit

Programmen Wähler interessieren können. Auch an potentiellen, anderen Politikern für ein demokratisch gewähltes Parlament und eine entsprechende Regierung mangelt es noch. Es geht schließlich darum, eine Auffassung vom Staat insgesamt zu verwerfen, darum, etwas völlig Neues zu versuchen. Hier stocke ich, weil ich ahne, daß wir sehr unterschiedliche Vorstellungen davon haben. Gerade deshalb aber schreibe ich Dir.

Was ich dem *Neuen Deutschland* und der *New York Times* entnehme, was ich mir am Telefon berichten lasse – hier, so irrsinnig weit weg, als Gastdozent an der Universität von Texas in Austin, wo ich mit Studenten die gegenwärtige Situation am Beispiel des Verhältnisses von Literatur und Zensur in vierzig Jahren DDR abzuleiten versuche –, es sagt mir vor allem eines:

Die Kluft zwischen jenen, die noch Macht innehaben, sowie jenen, die eine andere Art Macht begehren, einerseits und dem Gros der Leute andererseits, die jetzt in einem Akt der Mündigkeit auf die Straße strömen, die Kluft zwischen Intellektuellen und Masse also – sie ist so groß wie eh und je, sie scheint sogar zu wachsen. Auch jede neue Rekordziffer, die die Zahl der Ausreisenden erfaßt, spricht davon.

Liebe Bärbel, ich bitte Dich und Euch, das Neue Forum wie all die anderen Kräfte und Personen, deren Verantwortung jetzt eine andere Qualität erlangt, folgendes zu bedenken. Ich bitte es auch zu bedenken, wenn der Alltag und der erforderliche Pragmatismus derzeit womöglich eine andere *Taktik* von Euch verlangen. – Es geht jetzt nicht mehr um Taktik, oder?

Der erste Schritt, mit Demokratie Ernst zu machen, er wird nach vierzig Jahren Entmündigung der überwiegenden Mehrheit des Volkes, nach vierzig Jahren radikaler

«Klassenmacht der Intelligenz» (nach György Konrád) ein deutlicher und grundsätzlicher sein müssen. Freie Wahlen sind der *zweite* Schritt.

Der erste Schritt muß eine andere Dimension haben. Zehntausende, Hunderttausende, die *so* mit den Füßen abstimmen, sind mündig. Man kann sich nicht wie enttäuschte Eltern vor sie hinstellen und meinen, nun bekämen sie doch, was sie wollten, und nun würde bald alles gut, sie sollten nur vernünftig sein («Nicht wie müde Cäsaren: Morgen kommt Mehl», Brecht).

Natürlich spielt die Zeit eine Rolle, aber in erster Linie muß auch dieses Verhalten als mündiger Ausdruck akzeptiert werden. Wenn unabhängige Intellektuelle, Initiativen, Gruppen plötzlich Unbehagen äußern in einer Reihe mit den Machthabern, sehe ich darin meinerseits ein unbehagliches Zeichen. Es bahnt sich unter dem Banner von Toleranz, von wiederbelebter Politik der Volksfront etwas an, was ich für Borniertheit einer Schicht, ja der zur Klasse gewordenen Intelligenz halte.

Da ich selbst nach jenem primitiven Schema von Basis und Überbau als Schriftsteller dieser Klasse angehöre, laß es mich so formulieren:

Wir haben nicht das Recht, die Minderheitsherrschaft zu erhalten, indem wir sie reformieren, sie lediglich um unsere eigene Teilnahme vermehren und also weiterführen. Sozialismus ist in einer bisherigen Geschichte die Geschichte einer Heilslehre, die zur Anmaßung wurde. Im Namen unumstößlicher Gewißheiten materialistisch herbeiphilosophiert und ununterbrochen polemisch bestätigt, wurde aus Idealismus Machiavellismus. O ja, die marxistische Dialektik und Geschichtsbetrachtung, wo sie mehr als hegelianisch ist, die Moral und die Träume vom Himmelreich, wo sie nicht in der Bergpredigt besser formuliert sind – warum soll nicht bei der bewußten Gestaltung einer Gesellschaft auch diese Lehre eine Rolle spielen?

Die potentielle Opposition der DDR tritt nicht klarer hervor, weil sie an Sprachregelungen gebunden ist, die unmittelbar aus dem Vorhandensein zweier deutscher Staaten resultieren. Sie sucht verzweifelt nach einem dritten Weg, um die Abgrenzung vom anderen Deutschland nicht aufgeben zu müssen. Demokratie westlicher Prägung, bürgerliche Demokratie im Sinne der großen Menschenrechtserklärungen, sie wird zwar verlangt, aber es verbietet sich, dies so direkt zu formulieren. Die Teilung Deutschlands soll als Ergebnis der zwei von Deutschland ausgelösten Kriege hingenommen, ja gefestigt werden. In dem gedachten Haus Europa wäre sie ohnehin irrelevant (ja, sie wäre nämlich beendigt). Freunde, es spricht sich schlecht mit gebundener Zunge.

Die größte Angst allemal scheint mir vor offenem Streit zu bestehen. Unsinn, höre ich den Zwischenruf. Überall wird gestritten, im Fernsehen, in den Zeitungen, zwischen zigtausend Demonstranten und den Oberen einer Stadt. Endlich, höre ich mich antworten, endlich das bißchen. Wie viele Jahre liegt es zurück, daß die antagonistischen Widersprüche wieder eingebürgert wurden in der DDR? Nicht allzu viele. Aber ist der Antagonismus der Anschauungen schon zugestanden? Könnte sich jemand, der nein zum ganzen Sozialismus sagte, Gehör verschaffen? Überwiegt nicht noch immer das alte Harmoniebedürfnis? Gibt es bereits Gegner, die einander öffentlich herausfordern und sich damit dem Urteil der Menge überantworten?

Gefordert ist ein Staat, der den Dissens aushalten kann. Nähren soll er sich von dem Aufeinanderprall der Meinungen, Philosophien, Anschauungen, die ihm zufließen, wenn er sie nicht mehr unterdrückt. Rumoren soll es davon in ihm, rumoren wie in jedem lebendigen Organismus, der Normalität in sich aushalten kann.

Wie aber sieht der erste Schritt zur Normalität aus, den ich vorschlagen möchte? Abnorm sieht er aus, ungewöhnlich wie die Lage in einem Land, das sich Jahrzehnte selbst nicht kennen durfte.

Ich rede von einem Referendum. Ich meine, das Volk selbst soll sprechen, in seiner Gesamtheit. Es soll nicht wählen müssen zunächst zwischen verschiedenen Programmen wie zwischen Angeboten im Kaufhaus, sondern sich grundsätzlich artikulieren. Eine neue Verfassung wird nicht schnell genug auszuarbeiten sein. Darum schlage ich vor, folgende Fragen oder einen Teil von ihnen so schnell wie möglich zu stellen (sie erscheinen hier ohne Rangordnung):

1. Soll die vollständige und bedingungslose Freizügigkeit der Person eingeführt werden?

2. Soll eine Föderation mit der Bundesrepublik Deutschland angestrebt werden?

3. Könnte Berlin Sitz einer Föderationsregierung werden?

4. Sollen beide deutsche Staaten neutral werden?

(Voraussetzung für diese beiden Fragen sind selbstverständlich Verhandlungen der Alliierten über den Abzug ihrer Truppen, ist die endliche Aufhebung des Status quo, die Festschreibung der europäischen Nachkriegsordnung in den bestehenden Grenzen usf.)

5. Soll die Währung der DDR konvertierbar werden?

6. Sollen die Großbetriebe in Arbeiterselbstverwaltung übernommen werden?

7. Soll die freie Marktwirtschaft eingeführt werden?

8. Soll es Beschränkungen für Privatunternehmer weiterhin geben?

9. Soll es freie Wahlen geben?

10. Sollen Konsumbeschränkungen zugunsten der Ökologie eingeführt werden?

11. Soll das Ministerium für Staatssicherheit öffentlich Rechenschaft über seine innenpolitischen Aktivitäten seit seinem Bestehen ablegen?

Der erste Schritt auf dem künftigen Weg könnte auf solche oder ähnliche Weise eine Initiation zur demokratischen Mehrheitsherrschaft sein. Wer von Basisdemokratie in Gruppen, Parteien, in Betrieben spricht, wer Graswurzelbewegungen unterstützt bzw. sein eigenes Tun in diesem Sinne auffaßt, der kann nicht von oben herab belehren.

Haben wir selbst denn nicht vor allem Fragen?

Herzliche Grüße, Dein

Uwe Kolbe

GABI KACHOLD

gegen die führungsrolle des mannes

gegen die führer
gegen die rollen
gegen die bilder
gegen die frauenbilder der letzten 20 jahre
gegen das gesicht der frau lachend mit dem kind auf dem
arm in das angesicht eines mannes in militär- oder arbei-
teruniform

gegen die lüge seit 40 jahren gegen das fremdbild: guck
mich an und guck von dir weg

seit dem beginn des sozialismus in der ddr wird ein
frauenbild der freiheit des lebens geschaffen stück für
stück die die frau wieder ganz systematisch an die seite
eines sie beschützenden mannes bringt eines größeren
über alle gesellschaftlichen unwegsamkeiten führenden
und abschirmenden mannes

die frau kann kaum vorgucken hinter dem größeren kleinen kind vor ihrer brust die hände sind geschlossen um die neue generation wieder diese lachenden frauen mit den kindern auf dem arm an die seite ein größerer lachender mann gestellt

das sagen die plakate das sagen die zeitungen das sagen frauenzeitschriften seit jahren dieses bild der glücklichen kleinfamilie der kleinlebigen befriedigung und da fehlt eigentlich nur eine wohnung und kinderratenunterstützung

dann werden sie aufeinander losgelassen, die frau der mann das kind der jugend sind ziele gesetzt

es gab kein entrinnen aus diesem schema es gab da nur langsam eine information daß die ddr das land mit einer der größten scheidungsraten ist scheidung ist erlaubt die ideen und versprechungen auf der ebene dieser lachenden Frau und des lachenden mannes und des lachenden kindes – oder war deren leben gar nicht so lachend begann ab irgendwann der ernst das schreien das ums recht eines eigenen lebens kämpfens diese nicht lebbaren scheinbilder haben nie gewechselt zu den scheinbaren lebensbildern eines alltags in der ddr

die frau arbeitend die frau früh das kind aus dem schlaf reißend die frau an den mittleren medizinischen oder bürokratischen schlecht bezahlten arbeitsplätzen die frau in den kaufschlangen stehend die frau ermüdet abgekämpft mit den kindern im bett und der mann fängt an zu trinken oder kommt betrunken oder abgearbeitet oder entmutigt von der arbeit den kollegen oder sich

die frau mit ihrer ständigen arbeit nach den kindern und dem büro noch der mann mißlaunig ihre nächste arbeit im bett tröstungsversuche dann das nächste der mann im bett mit diesen anderen visionen von frauengesichtern lachend dienend ihm unterworfen

der kleine mann hatte auch immer noch was zu beschützen zu befehlen hier in der ddr die frau die kinder

und dann die anderen frauenbilder von der anderen sehnsucht und kundschaft her von dem mutterbild von einer vergangenheit von einer hoffentlich noch zu erwartenden zukunft

frauen habbar ständig täglich unter der mangel und dann doch nicht das ideal eines lebens des zweiten auch nicht dann kommt das dritte das vierte und dann vielleicht gar nichts

ich meine diese austauschbarkeit der frauen auf den plakaten wenn sie nicht mehr lächelt zu allem rechtens der männer wird sie ausgetauscht gegen die nächste die schon gelernt hat zu lächeln das bier neben den fernseher zu stellen

ich meine die große armut der frauen die allein auf sich gestellt ihre Kinder ihre leiber durch das leben schieben immer weniger bezahlt immer auf den straßen tags und abends anflaumbar sobald 2 männer einer frau gegenüberstehen und sie wie immer ihr schauobjekt wird ich meine die fehlende achtung allein auftretender frauen in der öffentlichkeit ich meine die fehlende fantasie und toleranz wenn sie statt des kindes eine filmkamera wenn sie statt des kinderwagens einen karton mit kleidern für einen auftritt in die straßenbahn schiebt ich meine die softpornos die sich in der letzten zeit in die ddr-landschaft schieben diese lächelnden poetischen traurigen zu tröstenden leicht neurotisch blickenden dienlich anschaulich statisch plattgedrückten auf den neuerlichen frauenplakaten ich klage die gegenwärtigen zeitungen und zeitschriften an und die frauen auf den ämtern das sie ein nicht lebbares frauenlebenskonzept verkörpert haben

daß karriere steril macht rücksichtslos den gefühlen ihrer selbst und den frauen außer sich selbst gegenüber

gegen das übergroße forderungsgebot der frauen im kleinkampf mit den söhnemännern im großkampf mit den machtvätermännern im eifersuchtskampf mit den anderen frauen

warum sind so wenige frauen in führenden positionen warum sind frauen in den kunst- also freiheitsbezogenen individuellen arbeitsplätzen so wenig vorhanden

warum werden wir nicht geliebt sind wir freiheitsbezogen oder individuell nur dienlich einem anderen einer anderen freiheit

ich bin für sofortige absetzung aller verkitschten staatsstützenden unverantwortlichen frauenbilder einer revidierung des gegenwärtigen frauenbildes zu einer autonomen selbstverantwortlichen frau hin die selbst entscheidet wann sie arbeitet und was sie arbeitet und wieviel sie arbeitet ebenso wann sie kinder bekommt und wieviel

und wieviel verantwortung sie über die zukunft der kinder nehmen kann ich habe eine forderung an die andere art geliebt zu werden meine ganz persönliche art nicht als nummer oder markenartikel sondern ich als mein individuell unvergleichliches ich

dazu gehört daß frauen sich öffnen darstellen zeigen wie sie wirklich sind nicht abgearbeitet kaltstellen lassen

frauen redet und handelt werdet die interessanten frauen die ihr seid

frauen sind die wirklichen produktivkräfte der neuen
zeit

hört auf euch zu verweigern oder selbst zu zerstören ich
bitte euch fangt an fangt endlich an eure persönlichen
forderungen zu stellen

GÜNTER KUNERT

Tagtraum

Vor kurzem wurde dem staunenden Zuschauer elektronisch vorgeführt, wie Extreme sich zu berühren vermögen. Da saßen, friedlich vereint, der Staatsratsvorsitzstellvertreter Manfred Gerlach und Oppositionspfarrer Eppelmann vor der Kamera, in völliger Übereinstimmung der Ansicht, daß der Sozialismus erhalten, renoviert, reformiert, zumindest jedoch dessen «Gutes» bewahrt werden müsse. Eppelmanns Aufrichtigkeit will ich gar nicht in Frage stellen. Nur was dort erläutert wurde, wie in anderen ost-westlichen Talkshows übrigens auch, klang und klingt «traumverloren». Der deutsche Intellektuelle nebst seinen Visionen vom Guten, Schönen und Humanen ist durch keine noch so massive Tatsachenfülle widerlegbar. Man hat unabweislich ein Déjà-vu-Gefühl: als erlebe man auf groteske Weise die Wiederholung einer klassischen deutschen Misere, der einst so wunderbare Geistesblüten entsprangen. Die gegenwärtigen aber sind bereits welk. Trotz überwältigender Kenntnis der trostlosen Lage und ihrer kaum minder trostlosen Ursachen, wird die längst mumifizierte Utopie beschworen. Ob Christa Wolf auf dem Alexanderplatz in Ost-Berlin oder der aus seiner Versenkung auferstandene Rudolf Bahro im Fernsehen – entgegen jeder Erfahrung, auch ihrer eigenen, meinen sie ernsthaft, nun sei der Zeitpunkt gekommen, den «demokratischen Sozialismus» einzuläuten: das Himmelreich schon auf Erden errichten, Heinrich Heines lyrischem Diktum zufolge. Blindlings fallen die großen, pathetischen Worte, dennen man abgeschworen hatte, auf die Zuhörer nieder und gemahnen den etwas kritischeren unter ihnen an die Früchte des Tantalus. Würde man die Hand danach ausstrecken, sie entzögen sich dem Zugriff wie eh und je.

Die nach vierzig Jahren Tristesse ungeduldige Mehrheit jedoch greift lieber nach dem Nächstliegenden: den Bananen bei «Aldi». In die ferne Zukunft zu schweifen, ist ihr die Lust vergangen. Mit dem Postulat: «So wie wir heute arbeiten, werden wir morgen leben!» ist den zwangsläufig an der tatsächlichen Arbeit Beteiligten eine Perspektive nach der anderen ausgetrieben worden. Im Status halber Leibeigenschaft, an den Boden gebunden wie im Mittelalter, haben sie ihr Leben, wie nun deutlich wird, sinnlos hinbringen müssen. Denn der einzige, ihnen vorgetäuschte Sinn, die Scheinlegitimation der Herrschenden, nämlich die neue, menschlichere Gesellschaft, erweist sich als pure Fiktion.

War der alte Traum von Sozialismus nicht mehr als ein Phantasma?

Trifft diesen Traum nicht ganz genau Goyas Radierung:

Wenn die Vernunft schläft, kommen die Ungeheuer hervor!? Und sind nicht gerade wir Deutschen immer zu leicht bereit gewesen, auf Vernunft, Vernunft im Sinne kritischer Skepsis («Alles ist anzuzweifeln!»), zu verzichten – falls wir überhaupt jemals zur Selbstreflexion fähig waren? Eilfertig und begeistert haben wir uns oft genug unter das Gebot von Schemen gestellt; der Ausgang war, zurückhaltend gesagt, stets unerfreulich. Das von Marx beschworene Gespenst des Kommunismus, das ehedem Europa beunruhigte, ist mittlerweile – als hätte der Alte unbewußt eine Prophezeiung ausgesprochen – zum Gespenst geworden, zum Schreckgespenst sogar. Jetzt, gegen Ende des Jahrtausends, verschwindet der Spuk, um demnächst verblassende Erinnerungen und gemischte Gefühle zu hinterlassen.

Dies vorausgesetzt, wirkt die gegenwärtig erhobenen Forderung nach einer Erneuerung des Systems übertüchtiger Ruinenbaumeister wie ein später und deplazierter Scherz. Nun endlich, heißt es, werde man auf den Trümmern des zusammengebrochenen ein wahrhaft bewohnbares Haus errichten. Ergo jene angestrebte Gesellschaft, die ihre Widersprüche und Gegensätze gewaltfrei und menschlich behandeln würde. Diese Hoffnung ist trügerisch. Denn sie ignoriert den ökonomischen und ökologischen Zustand des Landes, aber nicht nur diesen; sie mißachtet vor allem die Kondition des Menschen, jenes Geschöpfes, das eine Idee nur zu realisieren vermag, indem es diese in ihr Gegenteil verkehrt. Um Ideen zu verwirklichen, all die Vorstellungen der Aufklärung vom Menschen, müßte dieser zuallererst zu dem Papier werden, auf dem er idealtypisch vorgezeichnet wurde. Der «demokratische Sozialismus», die «freie Assoziation freier Menschen» basiert auf der irrigen Überzeugung, der

Mensch (oder seine Gesamtheit) wäre ein durchaus rationales Wesen, das zur Einsicht in Notwendigkeiten in der Lage sei. Auch der «demokratische Sozialismus» geht von der vorpsychologischen Prämisse aus, der Mensch bestünde aus einem Körper mit Bewußtsein, und zwar mit einem Bewußtsein, das veränderbar, belehrbar, also formbar ist. Mir scheint, diese gedankliche, vor allem von Intellektuellen gepflegte und gehegte Voraussetzung stammt selber aus seelischen Tiefenschichten – um nicht zu sagen: aus der archaischen Grundstruktur des Gehirns. Denn der Traum vom «demokratischen Sozialismus», in welchem die Brüderlichkeit obenansteht, als wären nicht Kain und Abel das «paradigmatische» Brüderpaar gewesen, kommt aus dem Unbehagen an der Industriezivilisation. Sie, die die in ihrem Bereich Befindlichen in Rädchen und Schräubchen verwandelt und ausschließlich Funktionalität honoriert und weniger ethisches Verhalten, ist der eigentliche Hauptfeind unserer Tage: Der Versucher, der die Seelen aufkauft. Insofern kann innerhalb dieser Megamaschine, die ja deutlich den aktuellen Sozialismus sich anverwandelt, eine «freie Assoziation freier Menschen» nichts anderes werden als ein Feierabend-Klub oder ein Traditionsverein, in welchem man gemeinsam das «Kommunistische Manifest» liest, um sich dem Aufwachen zu entziehen. Des weiteren, und damit beziehe ich mich auf unser archaisches Ego, auf unsere «Antiquiertheit», wie Günther Anders uns definiert, des weiteren also sind wir hilflose Opfer unserer bisherigen Vergangenheit. Jahrzehntausende lebten wir in Großfamilien, in Clan-Verbänden, in Stämmen unmittelbar aufeinander bezogen; diese Bindungen hat die Industrialisierung aufgelöst. Die «Klassenzugehörigkeit» war das letzte Relikt vordem natürlicher Gemeinschaft und Gemeinsamkeit, aber ebensowenig künstlich am Leben zu erhalten. Kein Gesellschaftsentwurf unseres Jahrhunderts, am allerwenigsten der Marxsche, ging vom real existierenden Individuum aus. Stets waren solche Entwürfe Spiegelungen der Individualität ihres jeweiligen Begründers, unglückselige Personen, selber familiärer, religiöser, gesellschaftlicher Bindungen verlustig, umarmten kompensatorisch das Volk, die Nation, die Arbeiterklasse, die Menschheit. Oftmals gelang der Versuch, sich selber zu transzendieren, aufs genialische. Die Monade, innerhalb der um sich greifenden Industrialisierung, erdachte sich ein Kollektiv Gleichgesinnter und Gleichgestimmter, das seinen organisatorischen Zusammenschluß zum Gesetz erheben und dieses dann der faktischen Realität überstülpen würde. Die Folgen sind bekannt.

Im Zeitalter der Isolation des Subjektes boten Parteien, politische Bewegungen dem unaufgehobenen und sich selbst überlassenen Herrn Jedermann einen Ersatz für den historisch unaufhaltsamen Verlust. Und der dergestalt Inkorporierte wußte sich unter Gleichen; auch wenn ihm einige gleicher vorkamen. Er war eingebunden, beachtet, wahrgenommen und umsorgt: unter Kameraden oder Genossen. Diese Bindung zu erhalten schien wichtiger, als einen möglichen Zweifel laut werden zu lassen. Zu drohend stand einem die Ausstoßung und Verfluchung biblischen Ausmaßes vor Augen. Gerade die kommunistischen Parteien bezogen aus der seelischen Abhängigkeit der Mitglieder ihre Stärke. Man kann das alles nachlesen, über das Gezappel im Netz psychischer, ja psychotischer Verstrickung. Kein Wunder, daß selbst alte Genossen, die im «Gulag» waren, die Partei nicht aufgaben: Die Beziehung hatte die Qualität eines bedingten Reflexes erreicht.

Frühere Gemeinschaften und Gruppen hielt ein Kollektiv-Ich zusammen, der Konsens des Glaubens, die gemeinsamen Riten, Freuden und Ängste. Ähnliches in der Industriegesellschaft wiederbeleben zu wollen, ist naiv. Das Individuum ist längst zum Handlanger seiner eigenen Vermarktung geworden; seine Interessen, Motive und Antriebe sind längst «wertfrei», wenn man den Schwund «höherer» Werte in diesem Zusammenhang nennen will. Anstelle besagter Werte ist etwas anderes zum letzten Halt der Massen geworden: der neue Deus ex machina und seine unheilige Dreieinigkeit: Funktionalität, Produktivität, Konsumtion. Und es ist abzusehen, daß die Menschen in der DDR mit dem Gewinn an äußerer Freiheit die innere, nämlich ihre Reservatio mentalis, einbüßen werden: ein Prozeß, den keiner aufhalten kann, kein Gott, kein Kaiser noch Tribun. Aber selbst wenn die Kommunistische Partei ihre eigenen Ideale und Wertvorstellungen nicht durch ihre Praxis so gründlich *liquidiert* hätte – den Kommunismus aufzubauen, wäre ihr auf jeden Fall versagt geblieben – wie die Kirche in Europa, bis auf das Reservat in Rom, nie eine dauerhafte Theokratie zu schaffen vermochte. Und den theokratischen Anspruch hat die Partei ja erhoben mit der Formel von der «führenden Rolle». Jetzt aber, nach ihrem Scheitern, zeigt sie sich als eine Konstruktion, die in einem leidlich modernen Staat völlig überflüssig ist und nichts anderes war als kostspielig, nichts anderes als eine Verdoppelung ohnehin vorhandener staatlicher Einrichtungen und Verwaltungsvernetzungen. Freilich: Es gibt keinen Zauberspruch, der sie von heute auf morgen verschwinden lassen kann. Auch der Zauberspruch vom «demokratischen Sozialismus» wird wohl eher verhallen, als das er irgendwelche Wirkung zeitigt. Nach vier Jahrzehnten einer am Grünen Tisch erdachten, der Bevölkerungsmajorität aufgenötigten Ordnung kann eine Modifikation dieser oder analoger Ordnungen keine Chance mehr haben. Solange der Traum vom «demokratischen Sozialismus» von unbeweisbaren Hypothesen zehrt, solange er sich vampirisch vom deutschen Idealismus nährt, solange werden wir gewiß noch manchem Schlafwandler begegnen. Aber der Moment des Erwachens läßt sich nur hinausschieben, nicht jedoch bis zum Sankt-Nimmerleins-Tag prolongieren. Dem zu erwartenden Palaver in Permanenz folgt unausweichlich die Enttäuschung, auf die ein Aphorismus des polnischen Satirikers Lec nur zu gut paßt: «Schon wieder scheiterte eine Wirklichkeit an den Träumen!» Man könnte auch sagen: an den Träumern.

KATJA LANGE-MÜLLER

Und bei *der* Gelegenheit…

Tränen in der Volkskammer, Tränen der moralischen Ent-
rüstung und der Wut, Tränen der Enttäuschung, des Nei-
des doch wohl nicht?! Eine dem äußeren Anschein nach
recht reife Abgeordnete weinte, als sie vom Vorsitzenden
des Untersuchungsausschusses, dem früheren obersten
Richter der DDR, Herrn Toelpitz, CDU, erfahren mußte,
daß der Wahrheit entspricht, was unter den «wirs», diesem
Volk – außerhalb ihrer «Kammer» –, schon immer kursierte als Gerücht: Dicke Privilegien hätte sie gehabt, die
Klasse von Führern der führenden Klasse, und Sippen-
wirtschaft, wie andererseits Sippenhaft, und viel Geld auf
Schweizer Bankkonten und protzig-spießig, also direkt
traumhaft westlich möblierte Weidmannsheiligtümer,
mit Trophäen an den rauhfasertapezierten Wänden, die
auch weniger scheuen Rehen Sturzbäche der «Betroffen-

heit» aus den großen traurigen Augen schießen lassen sollten, nicht nur ob des Schicksals ihrer Art-Genossen. Und da wir gerade dabei sind: «Wendehälse», sprach Volkes Stimme aus dem Munde von Christa Wolf. Womit haben die zarten, leisen Vögel nämlichen Namens ein derart häßliches Wort verdient und wie erst einen so gemeinen Vergleich? – Greenpeace, wo bleibst du?!

Doch zurück zum allzu menschlichen Adrenalin, ich kann diesen allgegenwärtigen Zorn, der so jäh ausbrach, so «plötzlich und unerwartet», wie es in Todesanzeigen oft heißt, der so mordsgewaltig und ungerächt, schon verstehen und doch nur schwer. Begann die vielen von uns wenigstens partiell bekannte Autobiographie Erich Honeckers etwa nicht mit den poetischen Worten: «Ich liebe die Jagd…»?

Sind wir nicht alle irgendwie, irgendwann auch mal Beute auf Erden? Selbst die Damen und Herren vom Staatssicherheitsdienst erfahren dergleichen jetzt; aus Gejagten werden Jäger und umgekehrt: o grobe Dialektik, die Rechnung macht um keinen einen Bogen. Und kein Tier ist so hoch, daß es nicht, einmal gefallen – und ins falsche Wasser! –, das große Fressen werden kann so vieler kleiner Fische.

Ich weiß nicht, wer nicht, aber nicht ich *allein* habe doch *einiges* gewußt und war bestenfalls auf andere Art so wenig überrascht, als ich endlich mal genauer erfuhr, was unsere Macht nun wirklich ge-macht hat, oder eben nicht – und nicht bloß in der Freizeit, die *auch wir* schließlich reichlich hatten, zumindest während der Arbeitszeit.

Damit nicht auch mich etwas vom diesertage weitverbreiteten Verdacht trifft: Ich kannte keine Details, nicht das ganze, bis heute nur unvollständig vermessene Ausmaß der verübten Straftaten, bösen Zynismen, unmorali-

schen Handlungen ... zu sicher war ich mir, in meiner ein-
fältigen Schadenfreude, daß die Zausel doch zu alt, zu hinfällig wären, für: «Frauen und Wein», wenigstens dafür.
Allein, das konkrete Vorstellungsvermögen fiel zurück
hinter argwöhnische Ahnungen von wachsendem Wahr-
scheinlichkeitsgrad. Das lag sicher auch an der keinesfalls lediglich generationsbedingten, mangelnden Übereinstimmung unserer Geschlechter und Biographien,
beispielsweise der des Erich Honecker und meiner. Grö-
ßeres psychologisches Einfühlungsvermögen bei mehr
humanitärem Konfliktbewußtsein bewies hier ein westberliner Freund von mir, der bisher insgesamt elf Jahre
bundesdeutschen Strafvollzugs hinter sich hat. Als er aus
dem Fernsehen von Honeckers krankheitsbedingter Haft-
verschonung erfuhr, packte ihn das nachdenkliche Mit-
leid. «Ich stelle mir vor», sagte er, «ich sitze so acht, neun
Jahre *an einem Stück* bei Nazis in Brandenburg, und dabei
und deswegen grade, kriege ich die ganze Zeit nichts mit
von dem tausendjährigen Reich da draußen, und mein
bißchen Sozialität geht in den Eimer, in der Einzelhaft, wo
jede Stunde mindestens doppelt zählt. Ich weiß nicht, wie
'ne Frau aussieht, noch ob ich's wissen will. Sie lassen
mich nicht mit Arbeit die Zeit totschlagen, und so *spiele*
ich mir das Lied vom Tod, in Gedanken nur, *die* sind so
frei, die anderen, die dafür in Frage kommenden richtigen Instrumente haben sie mir alle abgenommen. Doch
eines Tages stehe ich wieder auf der Straße, als genau der
Zombie, den sie aus mir machen wollten, und dann kriege
ich keine Therapie und nichts, nur einen hohen Posten
bekleide ich plötzlich, gleich unter dem neuen Regie-
rungschef, denn ich bin weit und breit fast der einzige
Antifaschist. Und das stimmt ja auch, die großen Kommu-
nistenführer sind alle tot; ich überlebte als Antifaschist,

mehr ist von mir kaum übrig. Ich bestehe, wie andere Sterbliche, zu achtzig Prozent aus Wasser und zu zwanzig Prozent – in ungleichen Teilen – aus Antifaschismus, aus Paranoia und aus einem an Hospitalismus grenzenden Heimweh, *nur noch* nach dem Knast, aber einem sehr schönen und sogar mäßig geselligen, einem richtigen kleinen Luxusknast, wie sich später herausstellen soll.»

Mir scheint, mein Freund hat sein, in Resozialisations-Selbsterfahrungsgruppen geübtes Rollenspiel leicht übertrieben, doch auch wenn es gelegentlich sentimental anmutet, das mit der ausgefallenen Therapie überzeugt ziemlich.

Ich möchte bitte nicht falsch verstanden werden und ich bin auch nicht für epische Gerechtigkeit, aber diese Therapiegeschichte, die läßt mich nicht mehr los. Therapie, was fällt mir dazu ein, seit ich vor etwa sechs Jahren in der DDR, private Beziehungen zu Personen des Buchhandels schamlos ausnutzend, die erste (und bislang einzige?) Freud-Publikation erwarb? Analyse! Und wo soll die anfangen, wenn ich mich nicht *ganz* darauf beschränken mag, in bester denunziatorischer Absicht – was sein muß, tut not! – mit angezogenem Finger auf nackte Leute zu zeigen? Bei mir selbst natürlich. Denn nur ich selbst bin mir so nah, so lieb, wie *nur* ich selbst. Also Selbstanalyse. Mut, Mut, sage ich mir; Analysen beginnen oft mit Anzeigen, in der Zeitung, oder – weniger umständlich – anonym per Telefon bei der Polizei und was sonst noch Telefone hat und irgendeine Autorität, und sich für anzeigenannahmeberechtigt hält. Kann eine Selbstanalyse überhaupt besser anfangen, als mit Selbstanzeige? Das reinigt, das erleichtert; gute Beispiele verweisen die schlechten auf ihre Plätze.

Ich habe es vorsichtig, ja feige, geschätzt, und ich bekenne: Ich habe meinen damaligen Staat, die DDR, den ersten deutschen Arbeiter-und-Bauern-Staat, um viele tausend Mark bestohlen. Von dem, was er mir ausbildungsmäßig in den Rachen warf – und ich verdaute es ohne Revanche! – will ich gar nicht erst reden.

Jungfacharbeiterin, Handsetzerin, die ich war, versenkte ich Bleche voll des Stehsatzes eines Kursbuchs – runde Klammern, eckige Klammern, geschweifte Klammern, perforierte Linien, alles Messing! – in der Spree, da, wo noch heute Wasserwirbel die ewig im Flußbett ruhenden Setzmetallhalden markieren. Ich tat es nicht allein. Kursbücher hielten wir, nicht grundlos, für Blödsinn und zum Ablegen der Lettern, der Linien, des Blindmaterials, hatten wir selten Lust. Wir saßen lieber rauchend auf dem Frauenklo und erzählten uns Liebesabenteuer, die meist traurig endeten. Viele der bald als Wandschmuck äußerst begehrten Setzkästen verhökerten wir, zu rasant steigenden Preisen, die aber meist in Naturalien und leider nur selten in DM-West gezahlt wurden, an berufsfremde Zufallskundschaft.

Nie vergessen werde ich jenen Parteitag, auf dem Erich Honecker, in aller Unschuld, wie wir damals meinten, doch wie wir heute wissen, in vollster konterrevolutionärer Absicht, verkündete: «Aus unseren Betrieben ist noch viel mehr rauszuholen!» Was haben wir gelacht, was haben wir getrunken! Wir wußten bloß nicht, wie wir seiner Aufforderung Folge leisten sollten, wir hatten schon alles herausgeholt.

Später, in den Krankenhäusern – ich hatte «einen Hang zur Tendenz einer rückläufigen Kaderentwicklung» und war Hilfsschwester geworden – klaute ich den Patienten Jagdwurst oder Fischkonserven, mal ein Stück Butter, mal einen Kuchen. Diese Beschaffungsdelikte waren nicht ganz so schwerwiegend, die meist schon älteren Kranken aßen nicht mehr viel, und ich wirkte auch nicht mehr in der weitaus ergiebigeren Produktion.

Doch um einmal nicht von mir zu sprechen, auf Spaziergängen sah ich häufig hauptstädtische Schrebergartenlauben – lauter Lappalien, luftiges Nichts, verglichen mit Honeckers Jagdresidenzen –, da weiß der Kenner auf den zweiten Blick, bei welchen VEBs die Familienmitglieder ihrer Bewohner anschaffen gingen und wohl noch gehen.

Ich komme zum Ende des Schlusses, den ich zunehmend weniger komisch finde. Nur das noch, schüchtern und verhalten: Es waren nicht allein die geschönten Bilanzen, die gefälschten Plankennziffern nicht nur, ich war's auch! … und dann kenne ich noch ein paar Schauspieler, die sind vier, fünf mal für zwölffuffzig den Abend im «nichtsozialistischen Ausland» aufgetreten, die kriegen jetzt Drohbriefe, wegen *dem* Privileg, anonym selbstverständlich. Die haben zwar auch geklaut, beim Kollegen – die hohle Geste von N., den bockigen Kopfwurf von K.-P. –, aber die arbeiten selbst *heute noch* auf *einer* Probe mehr als ich manchmal in einer Woche arbeitete, damals, im Druckkombinat.

ROLAND LINKS

Die Stunde des weißen Hais

Viel ist über das Land, in dem ich lebe, an dessen Leistungen und Leiden ich teilhabe, geschrieben worden. Die beste Erklärung für seinen Niedergang habe ich in einem Buch gefunden, das zwei Jahre vor seiner Gründung – 1947 – erschienen ist: «Dialogisches Denken» von Martin Buber. Die dort abgedruckte Rede «Die Frage an den Einzelnen» ist schon 1933 vor Schweizer Studenten gehalten worden. In ihr wird beschrieben, wie die «modernen Kollektivismen» aus ihren Lebensinteressen eine angeblich «rechtmäßige und inappelable Wahrheit» ableiten, mit der sie ihre Mitglieder disziplinieren und lähmen, wie mit einer Droge. «Not tut», mahnt Buber, «damit der Mensch nicht verloren gehe, die Wahrheitsverantwortung der Person in ihrer geschichtlichen Lage.» Wir hier in der DDR – ich in Berlin und Leipzig – können von beidem berichten: von dieser Droge und von der Wahrheitsverantwortung der einzelnen, die schließlich als demonstrierende Masse möglich machten, was niemand mehr für möglich hielt.

Die Lähmung ist gewichen; der Jubel ist bereits verrauscht. Zur Stunde wird hier, wo einmal die Länder Anhalt, Brandenburg, Mecklenburg, Sachsen und Thüringen waren, öffentlich aufgeräumt. «Wer Schuld auf sich lud, wird zur Verantwortung gezogen», verspricht eine Artikelüberschrift im *Neuen Deutschland*. Was auch immer geahndet wird – «Machtmißbrauch, Korruption, persönliche Bereicherung u. a.» –, die große Schuld, die von kollektiven Verdrängungen, Anpassungen, Unterlassungen bis zur wissentlichen Beschönigung und Lüge reicht, ist damit nicht getilgt. Man müßte jeden, der das Land nicht verlassen hat, der keine politisch motivierte Haft zu verbüßen hatte, der keine manipulierte Parteistrafe, keine unverdiente dienstliche Maßregelung erlitten hat – also auch mich –, fragen, ob und seit wann er wußte, daß der Kurs dieses Staatsschiffes falsch war. Und dann erst stünde man vor der schweren Frage, was überhaupt Schuld ist: Gewußt und mitgemacht zu haben oder «in gutem Glauben» mitgetrottet zu sein? Und was ist mit jenen, die geredet haben und weder Verfolgung noch Gehör fanden? Was sie als Pflicht in jener Wahrheitsverantwortung auf sich genommen hatten, war in einer vergifteten Gesellschaft ohne Öffentlichkeit zum Privileg mißraten, um das die Schweigenden sie beneideten. Jetzt noch mischt sich in die Erbitterung dieser «Privilegierten» auch das Gefühl von Schuld. Nur jene Hartgesottenen, für die der Terminus technicus «Wendehälse» aufgekommen ist, verweisen ungerührt auf jenes Phänomen, das Friedrich Dürrenmatt in das Bild vom Bau des Turms zu Babel gefaßt hat. Auch sie waren ja «eigentlich» dagegen und haben damals so mitgemacht, wie sie jetzt schon wieder mitzumachen bereit sind.

Wieder einmal gilt, was einer vor rund siebzig Jahren gesagt hat; Carl von Ossietzky am 1. Dezember 1920: «Wir Deutschen haben, wie jedes andere Volk, ein Recht auf nationale Freiheit. Wir wollen nicht von hingeworfenen Brosamen unser Dasein fristen und nicht Stipendiaten Neutraliens sein. Aber aus dem jetzigen Elend kommen wir nur heraus, wenn wir den Weg zur Sauberkeit finden, wenn wir im großen und kleinen wieder beginnen ehrlich zu werden. Dann werden wir mit Recht wieder fordern dürfen, daß man uns hört. Aber wir können nicht an das Gewissen der Welt appellieren, wenn unser eigenes Gewissen schläft.»

Natürlich meine ich nicht nur die Jahre unter und mit Erich Honecker. Ich meine auch und vor allem den verdrängten Stalin und den Hochmut, mit dem wir alle der Schande des nationalen Erbes (Hitler) entgehen wollten. Wem das Erlebnis der persönlichen Schuld erlassen worden ist (und diese zweifelhafte Gnade stand ja jedem frei), dem hätte Jenningers so viel bestaunte und so empört abgelehnte Rede auch bei uns unterlaufen können, wenn auch er bis zur Torheit ehrlich gewesen wäre!

Wir in der DDR waren so ehrlich wie jene, die den «Nestbeschmutzer» schnell aus seinem hohen Amt entfernten. Wir wußten – wie sie – besser als er, was sich gehört. Aber empfanden wir denn – und empfinden sie –, was wir bei ihm vermißten: Scham, Schuld und Reue? Empfinden wir es jetzt im not-wendigen Maß?

Eine neue Republik als Alternative *für* die DDR müßte ein besseres Gedächtnis haben als die heutige Bundesrepublik und ein Gewissen, das nicht weniger wach ist als das der Hunderttausend vom 9. Oktober '89 in Leipzig, das der Fünfhunderttausend vom 4. November '89 in Berlin. Noch aber scheint die von Professor Nolte eingeleitete große Absolution sowohl das Gedächtnis wie das Gewissen vieler zu lähmen. Wird Katyn jetzt gegen Auschwitz aufgewogen? Im Werben um rechte Wähler werden alte Grenzen des Reiches – dessen Erben wir in der DDR nach wie vor nicht sein wollen – so hartnäckig gefordert, daß wir uns besorgt fragen, ob eine nicht nur in Bayern ansässige Minderheit sie in den Rang einer «rechtmäßigen und inappelablen Wahrheit» erheben will? In Leipzig, wo noch vor Wochen die Wahrheitsverantwortung der einzelnen triumphiert zu haben schien, drohte bald Montag für Montag jeder Versuch eines Dialogs in Pfiffen und «Deutschland einig Vaterland»-Rufen unterzugehen. Sollte es, durch welchen Vorfall auch immer, doch noch zu Zusammenstößen kommen, werden alle glauben, Schönhubers Kahlrasierte mit dem stilisierten Reichsadler am Ärmel seien am Werk gewesen – und das würde *ihm* nützen, auch wenn er nichts damit zu tun hätte. Es ist die Stunde des weißen Hais; alle halten den Atem an – in beiden real existierenden deutschen Staaten.

Brauchen wir eine neue Republik? Wenn es eine für uns alle sein soll, wird sie freilich neu sein müssen. In Leipzig ist ein Name erdacht worden, der als Alternative zur eben erst beendeten alten DDR gemeint ist, der aber auch für ein Gebilde taugen könnte, das die beiden deutschen Staaten vereinigt: Demokratische Republik Deutschland. Für jene jungen Menschen, die wörtlich meinten, was sie sagten, als sie riefen: «Wir sind das Volk», für junge Menschen, die sich vor keinen der ihnen bekannten Wagen spannen lassen möchten, könnte eine neue deutsche Republik ein Lebensziel werden. In dieser neuen Republik könnte durchgesetzt werden, was bisher von beiden Teilen nur postuliert werden konnte: Friede durch Abrüstung und endgültiger Verzicht auf jede Teilnahme an Großmachtpolitik. Statt zwischen verschiedenen Parteien, unterschiedlichen Programmen hätte unser Volk zu wählen zwischen Maßnahmen der Vernunft einerseits und jenen Strukturen und Mechanismen, die uns seit unserem Kaiser Wilhelm II. immer wieder zu Krisen und Zusammenbrüchen geführt haben: Großmannssucht und Machtmißbrauch; Diktatur und Mißwirtschaft; ungehemmtes Wirtschaftswachstum und kalte Wirtschaftskriege; Atomkraftwerke und Rüstungsindustrie. Zu den möglichen Ergebnissen solcher Maßnahmen ökonomischer, ökologischer, sozialer und psychologischer Vernunft gehört für mich eine Gesellschaftsstruktur, die etwa dem entspricht, was Rainer Maria Rilke gemeint haben könnte, als er im November 1898 schrieb: «Die Kunst stellt sich dar als Lebensauffassung wie etwa die Religion und die Wissenschaft und der Sozialismus auch.» Ich binde meine Vorstellungen von Sozialismus, oder meine Hoffnungen auf ihn, nicht an Planwirtschaft und staatliches Eigentum, wohl aber an den Verzicht auf imperiale Politik im Interesse einer expandierenden Wirtschaft.

Wer von uns kann heute schon garantieren, daß sich unser in einer neuen Republik vereintes Volk, vor diese Entscheidung gestellt, wirklich gegen den Großmachtanspruch entscheidet und auch den Verlockungen anderer Großmächte widersteht. Was gibt uns die Zuversicht, daß Heinrich Heines Prophezeiung schon überstanden und durchlitten ist: «…wenn ihr es einst krachen hört, wie es noch niemals in der Weltgeschichte gekracht hat, so wißt, der deutsche Donner hat endlich sein Ziel erreicht»? Wenn es uns nach diesem Donner *nicht* gelüstet und wenn das vielzitierte «europäische Haus» auch Heimstatt der Deutschen werden kann und werden soll, warum dann nicht in zwei – benachbarten, aber getrennten – Wohnungen? Das Vertrauen der künftigen Mitbewohner wäre dann größer und die Zuversicht vieler auf ihre eigene Arbeitskraft angewiesener Deutscher auch.

In diesen beiden getrennten, miteinander verbundenen Wohnungen werden wir unsere Friedensfähigkeit *beweisen* müssen. Ausnahmslos alle Völker in unserer Nachbarschaft erwarten das, und niemand in der Bundesrepublik soll glauben, daß man diese Erwartung abkaufen kann. Die momentane wirtschaftliche Not auch der anderen Länder, die ein neues Gesellschaftsmodell versucht haben – Polen, Ungarn, Rumänien, die Sowjetunion und auch die Tschechoslowakei –, nährt die Hoffnung, es könne auf diese Weise auch ein historischer Ablaß in eigener Sache erreicht werden. So oder so ließe man sich aber auf ein Abzahlungsgeschäft mit sehr hohen Zinsen ein, und die Währung, mit der man Träume abkaufen kann, ist noch nicht erfunden. Wie lange wird es dauern, bis einer alle diese Träume wie Wechsel einsammelt und die neue Republik zu einer ganz anderen Kasse bittet. Natürlich wird er alles andere als bitten.

Ja, wir brauchen *noch* eine neue Republik – als Alternative auch für die neue DDR. Weil der Weg zu ihr auch nur über eine Erneuerung aus sich heraus führt, müssen Schriftsteller befragt werden, die in der BRD leben – nicht wir.

Ich war ein antifaschistisches Kind

Ich war das Kind von Kommunisten. Ich habe gelernt, daß die Welt sich nicht in Nationen teilt, sondern in Klassen, und daß das Vaterland aller Proletarier die Sowjetunion ist: Das glaubte ich, solange ich ein Kind war. Und auch, als ich aufgehört hatte zu glauben, waren es nicht die Kämpfe der Nationen, war es nicht das Verhängnis der deutschen Nation, die meine jugendliche Suche zwischen Recht und Unrecht, Macht und Ohnmacht leiteten. Ich wuchs auf in einer Welt der Ideologien, nicht der Nationen. Deutschland ist mir erst allmählich als Problem angetragen worden. Noch vor einigen Jahren hätte ich nicht geglaubt, daß es mir je zum Thema werden könnte. Und auch heute weiß ich nicht, ob ich wirklich von Deutschland spreche, wenn ich von Deutschland spreche.

Vor sechs Jahren besuchte ich das Haus, in dem ich geboren wurde. Es steht in Berlin-Neukölln, im heutigen West-Berlin also. Ich hatte meine alte Straße über dreißig Jahre nicht gesehen, und es war, wie es immer ist, wenn ein Erwachsener die Welt seiner Kindheit besichtigt. Das Unheimliche unserer Erinnerung schrumpft zur Heimlichkeit des Wiedersehens. Ein Hauch von Selbstmitleid umweht uns: Wie klein müssen wir gewesen sein, daß uns diese Straße so breit, jenes Haus so hoch und dieser kurze Weg so weit erscheinen konnte. Und die Frage, ob das Kind, das sich in uns erinnert, wirklich der gleiche Mensch war, und ein Gefühl, als wäre unser Ich ein Wir.

Zwei Namen im Stillen Portier kannte ich noch. Es waren zwei der wenigen deutschen Namen, die zwischen den türkischen und slawischen noch zu finden waren, und ich dachte, daß die Geschichte des Hauses sich fortsetzte, wie sie begonnen hatte, denn die ersten Mieter dieses Hauses im Jahre 1907 waren Polen. Sie hießen Josefa und Pawel Iglarz und waren meine Großeltern.

Josefa entstammte einer strenggläubigen katholischen Familie aus einem Ort in der Nähe von Lodz. Pawel kam aus einer orthodoxen jüdischen Familie in Galizien. Beide lösten sich aus der religiösen Enge ihrer Elternhäuser und traten in die Baptistengemeinde ein, wo sie sich auch kennenlernten. Beide wurden von ihren Elternhäusern verstoßen.

Fast achtzig Jahre später bewog die Erinnerung an diese familiäre Erfahrung meine Mutter, jüngstes Kind von Josefa und Pawel, sich mit mir zu versöhnen, nachdem sie für längere Zeit ihre Beziehung zu mir abgebrochen hatte, weil ich ein Buch in der falschen Stadt hatte verlegen lassen. Sie habe nachts wach gelegen, erzählte sie, und plötzlich sei ihr klar gewesen, daß sie nichts anderes tue, als ihre Großeltern getan hatten, die den eigenen Kindern das Haus verschlossen, weil sie den falschen Glauben hatten.

Meine Großeltern zogen nach Berlin. Ihren vier Kindern gaben sie deutsche Namen: Bruno, Paul, Marta, Helene, genannt Hella. Um für die ganze Familie auch die deutsche Staatsbürgerschaft zu kaufen, was möglich gewesen wäre, verdiente Pawel, Schneider bei Peek und Cloppenburg, zu wenig Geld.

Josefa, die zeit ihres Lebens nicht mehr schreiben konnte als den eigenen Namen, erzog die Kinder in großer Frömmigkeit. Pawel wurde Kommunist.

Später zog in das Neuköllner Haus die Familie F., mit der Pawel und Josefa sich befreundeten. An den Sonntagen trafen sich die Männer und sprachen über Politik. Als Hannchen, die Tochter der F.s, sich mit dem Tischler Gustav verlobte, kam er als Dritter in die sonntägliche Runde. Es war die Zeit der Inflation und der Weltwirtschaftskrise. Von den drei Männern der Familie Iglarz – auch Pawels Söhne waren inzwischen Schneider – fand oft nur einer Arbeit, manchmal auch keiner. Trotzdem sind die Erinnerungen meiner Mutter weniger von der Armut dieser Jahre geprägt als von einem kämpferischen Überlebensmut und einer selbstverständlichen Solidarität, wofür sie selbst das Wort Klassenkampf benutzt.

Als Hannchen und Gustav heirateten und ihre Tochter Christa geboren wurde, übernahmen sie die Wohnung in dem Neuköllner Hinterhaus. Hannchens Eltern hatten sich ein kleines Häuschen im Grünen gebaut. Trotzdem traf man sich noch lange an den Sonntagen, bis Gustav eines Tages seinem kommunistischen Schwiegervater und dem Juden Pawel Iglarz erklärte, diesmal wisse er aber, wie er sich zu entscheiden habe. Als Pawel an diesem Tag nach Hause kam, sagte er zu seiner Familie, daß sich nun auch die Sonntage ändern würden. Und bald darauf kam Gustav, bis eben noch selbst Kommunist, mit einem anderen Parteibuch nach Hause und in einer nagelneuen Uniform. Gustav war Nazi geworden.

Als ich mein altes Haus besuchte, fand ich Hannchens und Gustavs Namen im Stillen Portier. Ich klingelte in der dritten Etage. Eine etwa sechzigjährige Frau öffnete mir, Hannchens Tochter Christa. Ich nannte ihr meinen Namen, ich sei Monika Maron, sagte ich, und sie schrie nach hinten über den Korridor: Mutti, rat mal, wer gekommen ist, Monika Iglarz ist da. Als Monika Iglarz wurde ich geboren, die uneheliche Tochter der Helene Iglarz, der die Rassengesetze verboten, einen Arier zu heiraten.

Wir saßen an dem großen Tisch im Wohnzimmer, tranken Kirschlikör und sprachen über die Zeiten, in denen wir alle noch in dem Haus gewohnt hatten. Gustav war einige Jahre zuvor gestorben. Ob ich mich an ihn erinnere, fragten sie, und ob ich noch wisse, wie oft ich bei ihnen gewesen wäre, da nebenan in der Küche. Ich wußte es noch. Dann, unvermittelt, sagte Christa, daß sie es ja gesehen hätten.

Ich verstand nicht, wovon sie sprach, und fragte, was sie gesehen hätten.

Und sie sagte: Na das. Wir haben gesehen, wie sie deinen Großvater weggebracht haben.

Ich weiß nicht, ob sie glaubten, daß ich gekommen war, um sie danach zu fragen. Ich hätte sie nicht gefragt.

Christa erzählte, sie hätten gerade zufällig die Tischdecke ausgeschüttelt. Nicht Mutti, wir haben doch gerade die Tischdecke ausgeschüttelt? Und zu mir: Nicht, daß du denkst, wir hätten aus Neugier hinter der Gardine gestanden. Es war wirklich Zufall.

Der Tag, über den sie sprach, lag 45 Jahre zurück.

Ich hätte es nicht schlimm gefunden, wenn sie einfach hinter der Gardine gestanden und zugesehen hätten, wie sie Pawel wegbrachten. Selbst Josefa und die Kinder hatten ja nichts anderes tun können als zusehn.

Alle polnischen Juden wurden in diesem November 1938 des Landes verwiesen. Man transportierte sie an die deutsch-polnische Grenze, wo sie neun Monate in Eisenbahnwaggons und ähnlichen Notunterkünften zubrachten, weil die polnische Regierung den polnischen Juden die Einreise in ihr Land verweigerte.

Im Juli 1939 kam Pawel noch einmal für zwei Wochen in das Neuköllner Haus. Um seine Angelegenheiten zu klären, hieß es. Josefa hatte zu wählen, ob sie ihren Mann begleiten oder sich von ihm scheiden lassen wollte. Sie ging mit ihm. Die Schwestern Marta und Hella blieben in der elterlichen Wohnung. Der älteste Bruder Bruno war zwei Jahre zuvor gestorben. Paul lebte mit seiner Frau einige Minuten Fußweg entfernt. Er war Schneider bei Herpig, einem berühmten Atelier in der Leipziger Straße, wo, wie meine Mutter erzählte, selbst Göring arbeiten ließ. Und einmal mußte Paul sogar für Herpig nach Karinhall fahren. Als der Krieg ausbrach, wurde Paul für kurze Zeit interniert und danach in einem Berliner Rüstungsbetrieb zwangsverpflichtet.

Meine Großeltern gingen zurück in Josefas altes Dorf, wo fast alle Leute Przybilski hießen wie auch Josefa vor ihrer Hochzeit. Dort durften sie noch kurze Zeit miteinander leben, ehe ein Pole Pawel denunzierte und Deutsche ihn in ein Ghetto bei Lodz sperrten. Deutsche waren es auch, die ihn und andere Juden aus dem Ghetto in einen Wald brachten, ihn zwangen, sein eigenes Grab zu graben, und ihn erschossen. So jedenfalls erzählte es uns eine nichtjüdische polnische Verwandte, die meinem Großvater, solange er lebte, heimlich Lebensmittel ins Ghetto gebracht hatte.

Gustav brachte seine Mitgliedschaft bei der SA wenig Nutzen. Er wurde als einer der ersten eingezogen. Hannchen erinnerte sich genau, wie er eines Tages aus der Kneipe kam und sagte: Es gibt bald Krieg. Krieg hat Gustav nicht gewollt, Krieg hat doch keiner gewollt, sagte Hannchen.

Die Frauen blieben in dem Haus zurück. Wann und wie sie die Sprachlosigkeit zwischen den beiden Familien beendeten, wußten sie nicht mehr.

Sicher im Luftschutzkeller, sagten Hannchen und Christa, vermutete auch meine Mutter.

Gustav wurde wegen seines Alters und eines steifen Fingers an der rechten Hand bald wieder ausgemustert und zum Luftschutzwart unseres Hauses ernannt. Er hätte unter anderem dafür zu sorgen gehabt, daß Hella, Marta und ich diesen Keller nicht benutzten, wie es die Rassengesetze vorschrieben. Aber das hat er nicht gemacht, sagte Hannchen. Er könne nicht zulassen, daß zwei Frauen mit einem Säugling ausgesperrt würden, habe er gesagt und uns auf seine Verantwortung in den Keller gelassen.

Hannchen war froh, mir diese Geschichte über ihren Mann erzählen zu können. Auch ich war froh, daß es die Geschichte über Gustav gab. Ich wollte nicht, daß Hannchen sich vor mir schämte.

Josefas und Pawels Kinder überlebten den Krieg. Gustav mußte sich entnazifizieren lassen.

Wochenlang hätten sie auf Koffern leben müssen, erzählte Hannchen, weil man dem Nazi Gustav und seiner

Familie die Wohnung wegnehmen wollte. Jemand aus dem Nachbarhaus sei scharf darauf gewesen.

Als Hannchen und Gustav ihre Koffer packen mußten, durfte Hella meinen endlich auspacken. Seit meiner Geburt hatte er bereitgestanden für den Fall, daß man Marta und Hella eines Tages doch noch abgeholt hätte und ihre Freundin Lieschen mich hätte aufziehen müssen.

Sie würde nie vergessen, erzählte Hannchen, wie Hella eines Tages von einer Versammlung kam, bei ihnen klingelte und sagte, daß sie in ihrer Wohnung bleiben könnten. Deine Mutter hatte für uns gutgesprochen, sagte Hannchen zu mir. Hella selbst erinnerte sich daran nicht. Als ich sie fragte, warum sie die beiden verteidigt haben könnte, sagte sie: aus Freundschaft. Sie seien Freundinnen geworden in den Jahren des Krieges, Hannchen, Marta und sie. Und Gustav sei ja auch kein richtiger Nazi gewesen, nur einer, der, als alles anfing, endlich einmal auf der Seite der Sieger stehen wollte, wo man ihn ohnehin nicht lange geduldet hat. Aber niemals sei Gustav für unsere Familie eine Bedrohung gewesen. Einen richtigen Nazi hätte Hannchen auch gar nicht lieben können.

So retteten die Töchter der polnischen Familie Iglarz und der deutschen Familie F. die Freundschaft, die ihre Väter nach dem Ersten Weltkrieg begonnen hatten, über den mörderischen Zweiten.

So war das, sagte Christa, mein Opa war Bolschewist, und mein Vater war Nazi.

Und Hannchen, nicht ohne Herausforderung in den Augen, fragte: Und weißt du, was wir jetzt sind? – Zeugen Jehovas.

Mit dem Krieg endete die polnisch-jüdische Geschichte der Familie Iglarz. Meinen Großeltern hatte sie das Leben gekostet. Josefa war, ein Jahr bevor man ihren Mann ermordete, gestorben, weil ihr, der Frau des Juden, im besetzten Polen ärztliche Hilfe verweigert wurde. Pawels und Josefas Kinder überlebten den Krieg und verloren sich doch. In einer Geschichte, in der sie nicht mehr die Opfer waren.

Seit ihrer Jugend waren die drei Kommunisten. Gleich nach dem Krieg arbeitete Hella für die kommunistische Fraktion des Berliner, später des Ostberliner Magistrats. Paul wurde Pressefotograf für die neuen antifaschistischen und kommunistischen Zeitungen im Osten. Immer noch wohnten wir alle in Neukölln, das zum amerikanischen Sektor gehörte.

Hella wurde, als sie an einem Sonntag das *Neue Deutschland* und Flugblätter in Neuköllner Wohnhäusern verteilte, denunziert, verhaftet und von einem amerikanischen Militärgericht zu dreißig Tagen Gefängnis oder tausend Mark Geldstrafe verurteilt. Angesichts der Jahreszeit – es war November – und der kalten Gefängnisse beschloß die Partei, das Geld zu sammeln und ihrer Genossin den Gefängnisaufenthalt zu ersparen.

1951 zog Hella mit Marta und mir in den Ostteil der Stadt, der sich damals demokratischer Sektor von Groß-Berlin nannte. Ich verbinde mit diesem Wechsel angenehme Erinnerungen. In West-Berlin war ich der einzige Junge Pionier in der Klasse, wahrscheinlich sogar in der ganzen Schule gewesen. In der neuen Schule war ich eine von vielen. Und da meine Mutter nur in Westgeld bekam, was wir unbedingt für die Miete und die Stromrechnung brauchten, war unser ständiger Geldmangel angesichts der vollen Geschäfte oft nur schwer zu ertragen. Nun war ich gleich mit allen, glaubte ich. Ich wohnte auf der Seite der Wahrheit und der historischen Sieger. Ich war zehn

Jahre alt, und das Wort Kommunist war für mich ein Synonym für guter Mensch. Alle Menschen, die mir nahestanden und die ich liebte, waren Kommunisten.

Vor einem Jahr hat Martin Walser gesagt, er müßte sich, um von seinen Kindheitserinnerungen der frühen vierziger Jahre erzählen zu können, in ein antifaschistisches Kind verwandeln.

Ich war ein antifaschistisches Kind.

Müßte ich mich, um von meinen Erinnerungen der fünfziger Jahre zu erzählen, in ein antikommunistisches Kind verwandeln?

Ich höre die warnenden und entrüsteten Stimmen, man könne die Zeiten nicht miteinander vergleichen, und kein Verbrechen wiege so schwer wie das des deutschen Nationalsozialismus. Es wird sich in den nächsten Jahren und Jahrzehnten erweisen, was sich miteinander vergleichen läßt und welchen Sinn es ergibt, die Millionen Toten des Nationalsozialismus gegen die Millionen Toten des Stalinismus abzuwägen. In diesem Jahrhundert wüteten zwei barbarische Regime in Europa. Nicht selten wurden die Opfer des einen zu den Tätern des anderen. Der Stalinismus in der DDR war weniger mörderisch als der in der Sowjetunion, aber er war seines Geistes. Es lag an den geographischen und politischen Bedingungen der DDR und nicht an der Gesinnung ihrer Herrscher, wenn der deutsche Stalinismus einen Schein wahrte, dem er bis heute die Nachrede verdankt, er sei unblutig gewesen.

Daß ich 1945 nicht achtzehn war wie Martin Walser, sondern erst vier, daß ich im Gegensatz zu ihm aus einem antifaschistischen Hause kam, hat mir sowenig wie Walser erspart, im Keller der Eltern nach Leichen zu suchen.

Als ich eine kommunistische Zukunft für so natürlich und wünschenswert hielt wie den täglichen Sonnenaufgang, sperrten Kommunisten ihre sozialdemokratischen Genossen, mit denen sie gemeinsam in Hitlers Konzentrationslagern gesessen hatten, in die eigenen Zuchthäuser; verboten sie Kunstwerke als dekadent, die von den Nazis als entartet verfemt worden waren; verweigerten sie Christen die höheren Schulen; verurteilten sie Menschen für einen politischen Witz zu jahrelangem Gefängnis; organisierten sie ein landesweites Spitzelnest. Auf unbegreifliche Weise ahmten sie ihre Peiniger nach, bis in die Fackelzüge und Uniformen.

Zur gleichen Zeit wuchs ich auf in einer Gruppe kommunistischer Frauen, die mich im Sinne ihres Menschenbildes erzogen: zur Aufrichtigkeit, zu sozialem Verhalten und Mut zum Widerstand. Ihre Leben bürgten für ihre Glaubwürdigkeit. Sie kamen aus dem Gefängnis, aus der Emigration, sie hatten im Untergrund gekämpft. Sie waren Antifaschisten und Kommunisten.

Warum sie hinnahmen, was auch in ihrem Namen geschah, warum sie mittaten in einer Wirklichkeit, die mit ihrem Ideal nur den Namen gemeinsam hatte, erscheint mir, je länger ich darüber nachdenke, als eine Frage nach der menschlichen Natur schlechthin und somit als unbeantwortbar.

Ich kannte ein Ehepaar, das vor dem Nationalsozialismus in die Sowjetunion emigrierte und dort den einzigen Sohn verlor. Erst nach Chruschtschows Enthüllungen über Stalins Terror im Jahr 1956 gestanden die beiden, daß auch ihr Sohn ein Opfer Stalins geworden war. Ich kannte sie gut genug, um zu wissen, daß sie nicht aus Feigheit geschwiegen hatten. Sie hatten ihr Ideal schützen wollen vor Verleumdungen, die nicht schlimmer hätten sein können, als die Wahrheit es war. Der furchtbare Irrtum, das Bekanntwerden der Untat schade der Idee mehr als die Untat selbst.

Die Idee des Kommunismus hatte zu viele Opfer gekostet, als daß man sich mit ihrem Scheitern hätte abfinden können. Der Tod von Hunderttausenden mußte nachträglich mit Sinn erfüllt werden durch den Sieg der Idee. Die Lebenden wurden den Toten geopfert im Namen einer idealen Zukunft. So entzog sich die neue Ordnung dem Zwang, ihre Gegenwart zu legitimieren.

Es war das Jahr 1956, in dem Pawels und Josefas Kinder füreinander starben, nachdem sie den Faschismus und den Krieg überlebt hatten.

Nachdem Stalins Verbrechen offenbar waren, verließ Paul die Partei. Die Schwestern fanden sich mit dem, was geschehen war, ab. Sie verdrängten das ungeheure Ausmaß, sie rechtfertigten den Ursprung der Grausamkeiten, sie retteten ihren Glauben an die Idee.

Paul starb 1982 in Berlin-Neukölln. Marta starb 1983 in Berlin-Pankow. Sie haben sich nie wieder gesehen. Hella verstand erst durch den Tod der anderen die Tragik ihrer Entscheidung von 1956.

1953 wurden wir, Hella, Marta und ich, aus Polen zu Deutschen. Es war ein simpler bürokratischer Vorgang, der mir erst mitgeteilt wurde, nachdem er vollzogen war. Ich wäre damals lieber Polin geblieben, obwohl dieser Umstand nur in meinem Bewußtsein von Bedeutung war. Wir sprachen nicht polnisch, ich hatte Polen nie gesehen, ich besaß nur zwei Briefe aus einem kleinen Dorf bei Lodz an «die liebe kleine Monika von ihren Großeltern».

Da ich von Kommunisten erzogen wurde, blieb es mir erspart, das Wort «deutsch» als Schimpfwort zu erlernen.

Die Schimpfworte hießen: Nazi, Faschist, Kapitalist. Nicht das deutsche Volk hatte die Kriegsverbrechen begangen, sondern der deutsche Imperialismus. Und den gab es nicht mehr in dem Teil Deutschlands, in dem ich lebte.

Trotzdem bot mir meine polnische Abstammung eine sichere Distanz zu der unheimlichen deutschen Geschichte, als deren Erbe ich mich nicht fühlte. Wenn ich versuche, mich zu erinnern, was ich als Kind mit dem Wort Deutschland verband, fällt mir die Düsternis deutscher Märchen ein, die Schwermut deutscher Lieder, ein grausames dunkles Früher, das Mittelalter hieß.

Die Gegenwart hieß niemals Deutschland. Sie hieß Sozialismus und Kapitalismus, Bundesrepublik und Deutsche Demokratische Republik, Ost-Berlin und West-Berlin. Meine eigene erfahrbare Gegenwart trug die Namen von Menschen und Straßen. Daß es deutsche Namen waren, gehörte zu den Selbstverständlichkeiten des Lebens.

Als 1968 die Studentenrevolte den einen Teil Deutschlands veränderte, hoffte die Jugend im anderen Teil auf den Prager Frühling, auf einen Sozialismus mit menschlichem Antlitz. Während die einen von ihren Eltern Antworten auf Auschwitz und Buchenwald verlangten, waren für uns die Fragen nach dem Archipel Gulag und nach Bautzen schon hinzugekommen. Die Antworten haben wir selbst finden müssen.

Spreche ich wirklich von Deutschland, wenn ich von Deutschland spreche?

Pawels und Josefas Kinder haben sich nicht an Deutschland geschieden, sondern an dem Gewicht, das sie einer Idee zumaßen gegenüber der Wirklichkeit. Sie haben sich geschieden an einem Gleichnis wie: Wo gehobelt wird, fallen Späne; oder an dem Satz: Manchmal muß man die Menschen zu ihrem Glück zwingen.

Wo immer ich höre, daß einer weiß, was der anderen Menschen Glück ist; wo immer ich lese, daß jemand im Namen einer Idee über Millionen Menschen verfügt, und sei es nur in Gedanken; wo immer ich sehe, daß einer alten Ideologie frische Schminke aufgelegt wird, um ihren Tod zu maskieren, packt mich das Entsetzen. Und eine jahrzehntealte Wut.

Deutschland wurde mir aus einem historischen Abstraktum zur wahrnehmbaren Gegenwart an einem Tag im Oktober 1983. Zum erstenmal ausgestattet mit einem Paß, der mich zum Verlassen der DDR in westlicher Richtung berechtigte, fuhr ich mit dem Zug von Frankfurt nach Wuppertal. Ich hatte Kopfschmerzen, eine Folge der Buchmesse, und wartete mit geschlossenen Augen auf die Wirkung einer Tablette. Nach ungefähr einer Stunde öffnete ich die Augen und sah etwas, das mich zu dem törichten Ausruf: Was ist denn das? hinriß. Und jemand im Zug sagte: Das ist der Rhein.

Schwer und patriarchalisch floß er zwischen den Weinbergen, als müßte er sie gewaltsam voneinander fernhalten. Unter der Herbstsonne lag er vor mir wie die Landschaft aus einem uralten Märchen, das ich wieder und wieder gelesen hatte, bis ich es auswendig wußte. Es mochte an meiner Liebe zu Heine liegen, daß dieses eine Bild mir eine Fülle anderer barg, daß es nur die letzte fehlende Ergänzung war, derer es bedurfte, um mich Deutschland zum erstenmal nicht als ein Ungetüm oder einen historischen Unfall, sondern als eine Landschaft verstehen zu lassen.

Ich habe das Erlebnis lange verschwiegen. Ich mißtraute meinem Gefühl, verdächtigte mich eines plötzlichen Hangs zu Blut und Boden und einer Heimatduselei, die mir immer fremd gewesen war. Und selbst im Falle der Echtheit des Gefühls mußte ich mich fragen, ob es denn überhaupt erlaubt war. Inzwischen bin ich die Strecke oft gefahren und habe mein verdächtiges Gefühl zu dulden gelernt. Ich begann die Frage zuzulassen, ob es nicht doch eine Gegenwart gibt, die Deutschland heißt.

War nicht mein eigenes Leben, zerrissen zwischen dem Wohnort im Osten und der Berufsausübung ausschließlich im Westen, zu einem Leben in Deutschland geworden?

Waren die Menschen, vor denen ich in ostdeutschen Kirchen und westdeutschen Buchhandlungen las, einander nicht ähnlicher, als sie es glaubten und sogar als ihnen lieb war? Ihre Eltern oder Großeltern waren noch in einem Deutschland aufgewachsen, in dem Osten und Westen nicht mehr bedeutete als Norden und Süden. Sie waren nach den gleichen Maximen erzogen worden, sie sangen die gleichen Weihnachtslieder. Und wer die Schrebergärten seitlich der S-Bahn-Böschungen in Ost und West miteinander vergleicht, wirft einen Blick in die gesamtdeutsche Seele, der jede politische Geographie vergessen läßt. Auch die Neigung, das bedrohlich Fremde auf ein erträgliches Maß zu ducken, indem man ihm den festen Glauben an die eigene Überlegenheit entgegensetzt, fand ich auf beiden Seiten. Galt sie hier den Türken, so dort den Polen. Und nährten die Westdeutschen ihren Stolz auf das deutsche Wirtschaftswunder, suchten die Ostdeutschen Trost in der Gewißheit, daß ihre Wirtschaft nicht ganz so zerrüttet war wie die aller anderen Staaten, mit denen sie das Schicksal des Stalinismus teilten.

Ich hörte einmal von Zwillingsbrüdern, die in der frühen Kindheit getrennt wurden und sich auch später nie wiedergesehen haben. Als Erwachsene wurden sie von

Zwillingsforschern aufgestöbert. Einer der Brüder hatte es zu Reichtum gebracht, der andere lebte in bescheidenen Verhältnissen. Ihre Kinder trugen die gleichen Namen, wie die Brüder überhaupt, soweit ihre Leben sich vergleichen ließen, vieles ähnlich entschieden hatten. Sogar gleiche, einen Baum umschließende Gartenbänke schmückten ihre Gärten. Nur war die Bank des reichen Bruders kunstvoll und in einem guten Geschäft gekauft, die des armen Bruders dagegen grob und von ihm selbst gezimmert.

Nicht selten, während ich hin und her reiste zwischen Deutschland Ost und Deutschland West, fiel mir diese Geschichte ein. Und oft genug verwunderte mich, wie wenig der eine Zwilling bereit war, sich im anderen zu erkennen.

Es war eine Erfahrung mit seinen beiden Teilen, die mir Deutschland zum Problem werden ließ. Es lag an der Ohnmacht der Ostdeutschen, die, nach dem Krieg der stalinistischen Sowjetunion zugeschlagen, dumpf verharrten in ihrer Wehrlosigkeit und Selbstverachtung; es lag an der Selbstgerechtigkeit der Westdeutschen, die ich zu spüren und zu hören glaubte, an ihrer Verachtung der armen, feigen, unwürdigen Verwandten, daß ich mich zu fragen begann, warum sie eigentlich nicht dankbar waren, daß dieser kleinere Teil des Volkes auch ihren Anteil der Schuld aus einer gemeinsamen Vergangenheit bezahlte. Warum sie ihr eigenes Wohlergehen nur noch als eine gerechte Folge ihrer ehrlichen Arbeit ansahen, nicht aber auch als einen geographischen Glücksfall. Läge Schwaben an der Oder, läge Leipzig am Rhein... Dann hießen die Schlagzeilen in den Zeitungen heute vielleicht: Wieder hunderttausend Demonstranten in Stuttgart.

Während mein Leben geteilt war zwischen der Arbeit im Westen und dem Wohnen im Osten, verlernte ich zu verstehen, warum die beiden Teile Deutschlands nicht zusammengehören.

Im vergangenen Jahr kam nach einer Lesung in Berlin eine Frau auf mich zu und sagte, sie sei Sylvia. Ich überlegte, ob ich die Frau kennen müßte, bis sie sagte: Ich bin Sylvia Iglarz.

Meine kleine, meine einzige Kusine Sylvia, Pauls Tochter, die ich gekannt hatte, bis sie sechs war und ich vierzehn. Als Josefas und Pawels Kinder sich über den Tod hinaus entzweiten, zogen sie uns mit, jeder in seine Richtung, der eine nach Berlin-Neukölln, die andere nach Berlin-Pankow. Wir kennen uns nun wieder, Sylvia und ich.

Am ersten Abend unserer wiederbelebten Verwandtschaft erzählte Sylvia, sie habe sich immer für meine Bücher interessiert, besonders dafür, was ich über unseren Großvater geschrieben habe. An diesem Satz begriff ich, wie tief ich Sylvia seit meiner Kindheit vergessen hatte. Nie war mir in den Sinn gekommen, daß auf diesen Großvater, den ich mir als Kind zum alleinigen Ahnen erkoren hatte, jemand Anspruch erheben konnte außer mir. Sylvia sagte zu meinem Großvater: unser Großvater, und ich gestehe, einen Augenblick gezögert zu haben, ehe ich ihr dieses Recht zugestand. Es war unser Großvater, und es war unsere Familiengeschichte.

Während ich dies schrieb, wandelte sich der Gegenstand meines Nachdenkens in einer Geschwindigkeit, die jede Prognose zu Makulatur werden ließ. Das Wunderbare aber, woran man kaum noch zu glauben wagte, war der Wandel einer deprimierten, klagenden Masse von Menschen in ein entschlossenes Volk. Freunde, die ich seit meiner Jugend kannte, mit denen ich zwanzig Jahre lang die gleichen konjunktivischen Gespräche geführt hatte: Man müßte, man würde, wenn es so käme, dann aber…, deren Verzagtheit wuchs mit der schrumpfenden Hoffnung, in ihrem kürzer werdenden Leben noch Zeugen und Mitgestalter eines Aufbruchs zu werden, diese Freunde erinnerten plötzlich an ihre eigenen Jugendbilder. Mit ihrem Mut fanden sie wieder, woran es diesem Land bis zur Psychose mangelt: die Lust zu leben.

Kein Wort, kein Satz, der jüngst zu diesem Thema nicht gesagt worden wäre, zu «Deutschland». Es bleibt mir nur, von dem Glück zu sprechen, das ich empfand, als ich am 4. November inmitten der anderen durch Berlin zog, als wir endlich taten, wovon wir lange geträumt hatten: auf die Straße gehen und laut fordern, was wir wollten. Fünf Tage später öffneten sich die Tore in der Mauer.

Es hatte des einen schmalen Auswegs über Ungarn bedurft, um Volk und Obrigkeit die Rollen tauschen zu lassen und der Regierung – zum erstenmal seit dem Bau der Mauer – die Rolle des Ohnmächtigen zuzuweisen. Wir sollten nicht vergessen, daß der Wagemut der Flüchtlinge und der ungarischen Regierung den Ausschlag gab für alles, was danach geschah.

Endlich also haben die Deutschen es geschafft, höre und lese ich jetzt überall, endlich ist den Deutschen ihre Revolution gelungen. 1848 mußten sie sich mit dem Ruf «Hut ab» vor den Toren begnügen. 1918 verjagten sie den Kaiser und sonst keinen. Und diesmal, haben die Deutschen es diesmal geschafft? Ist das Auswechseln der Oberhäupter gegen ihre Stellvertreter, ist die späte Zurücknahme der Mauer; ist die neue Rede alter Parteien schon die siegreiche Revolution? Oder ist es wieder nur ein Beginn?

Ich wünsche mir, daß das Volk in der DDR, das sich während der letzten Monate über seine eigene Macht so nachdrücklich belehrt hat, die Schmerzen und die Schande des gebeugten Gangs nicht vergißt und nicht das erlösende Gefühl, den Rücken endlich zu strecken und den Blick zu heben. Es sollte niemandem gestatten, sich dieses Augenblicks zu bemächtigen. Nicht den Wölfen, die Kreide gefressen haben; nicht den Kalten Kriegern der Vergangenheit, die jetzt ihren späten Triumph feiern wollen; nicht der westdeutschen Linken mit ihrer späten Trauer um die Utopie DDR, die sie sich nur durch vorsätzliche Blindheit und Taubheit hat bewahren können. Und es sollte sich wehren gegen die neuen Ideologen aus den eigenen Reihen, die schon wieder bereit sind, dem Volk politische und geistige Unreife zu bescheinigen.

Ich wünsche mir, daß die Leipziger, Dresdener, Ostberliner und Plauener das schöne Bild, das sie selbst gerade von sich geschaffen und der Welt gezeigt haben, nicht vergessen hinter ihren Spiegelbildern, die sie in den Schaufenstern der Banken und Warenhäuser finden, während sie nach dem Begrüßungsgeld und den Bananen anstehen.

1982 entschloß sich Hella, nachdem wir uns ein Jahr nicht gesehen hatten, den Kontakt zu mir wiederaufzunehmen und die Gebote ihrer Partei unserer Beziehung unterzuordnen. Der Anspruch, ihrer Idee treu zu bleiben, auch mit der Konsequenz, die eigene Tochter zu verlieren, hatte sie krank werden lassen. Vielleicht war es diese Erfahrung mit der zerstörerischen Anmaßung einer Ideologie, die sie zwang, ihre politische Überzeugung, die sie von Pawel gelernt und der sie mit Josefas Frömmigkeit ihr Leben lang angehangen hatte, in Frage zu stellen.

Als die Demonstranten in der DDR die Reformen erzwangen, fühlte sie sich mit ihnen verbunden durch die

Erinnerung an ihre eigenen Kämpfe während der Weimarer Republik, und sie wußte zugleich, daß es auch ihr Lebenswerk war, das auf den Straßen bekämpft wurde und dessen Bestand sie selbst nicht mehr wünschte.

Es bleibt die Frage, wie eine Idee, die zum Glück aller erdacht war, sich in das Unglück aller, selbst ihrer treuesten Anhänger verkehren konnte.

Es bleibt die Frage, warum Menschen, die in ihrer Jugend gegen Ungerechtigkeit und Unterdrückung gekämpft und ihr Leben dafür eingesetzt haben, in Jahrzehnten unangefochtener Macht ihr eigenes Volk mit den Mitteln von Gangstern betrogen und beherrschten. Und andere es duldeten.

Sie wisse nun nicht mehr, wo sie stehe, sagt Hella, wahrscheinlich zum erstenmal in ihrem Leben. Geblieben sei ihr ein Abscheu vor jeder Ideologie, sagt sie, und das Wort Zukunft sei ihr inhaltlos geworden. Und dann, zweifelnd und hoffend: Aber irgendeinen Sozialismus müßte es doch geben, nicht diesen, diesen bestimmt nicht, aber einen. Was sollte ich ihr darauf antworten?

FRANK-WOLF MATTHIES

Wiedervereinigung im Aldi-Rausch

Jahrelang war es an den Rändern periodisch aufreißen-
der Abgründe von Verzweiflung eine letzte Rettung, mir
vorzustellen, die Menschen der DDR seien «so ganz anders» – idealistisch; interessiert am Bewußtsein der Zivilisation, also an den Bedürfnissen des Kopfes, mehr als an
denen des Verdauungsapparates; hilfsbereit, stolz und
selbstbewußt, sobald man sie mit den Almosen der Verachtung zu sättigen versuchte.

Jahrelange auch dachte ich, die Bürger der DDR hätten
nicht nur die Pflicht, sondern auch das moralische Recht,
die Verwalter bzw. Besitzer des Staates und der Unterta-
nen zu verachten, diese habgierige, verlogene... durch
und durch moralisch verwahrloste Volkseigentümer-Cli-
que. Es war mir eine angenehme Vorstellung – und ich bin
sicher: nicht nur mir – zu glauben, die Bürger jenes Staa-

tes, der mich und meine Familie auf Lebenszeit in die Verbannung geschickt hat, wären reiferen Bewußtseins als die Bürger dieses anderen, gastfreien Deutschlands. Wer lachen möchte, der tue sich keinen Zwang an – so aber sehen sie nun einmal aus, die Wahn- und Fieberträume der Emigration, der seidene Faden, an dem sich der Verzweifelte festhält, um nicht abzustürzen.

Die plötzliche einseitige Porosität der innerdeutschen Gartenmauer hat mich eines Schlimmeren und eines Besseren belehrt; denn in meiner Verzweiflung habe ich beiden unrecht getan. Sowohl den Bürgern der Bundesrepublik, die nicht nur uns hilfsbereit und gastfreundlich aufgenommen haben, die im großen und ganzen ohne lange zu überlegen bereit sind, ihren Wohlstand und ihre Sicherheit mit dem Bedürftigen zu teilen... aber auch dem Gros der DDR-Bürger, die nun wie die alttestamentarischen Heuschrecken über dieses Land herfallen, wild entschlossen, alle Erwartungen, die man gemeinhin mit dem Schlaraffenland verbindet, hier zu befriedigen, wild entschlossen auch, nicht davor zurückzuschrecken, das sprichwörtliche «letzte Hemd» auch noch zu verlangen.

Die «Wiedervereinigung» findet bei *Woolworth* statt, wobei zuvor in den Schalterräumen von Post, Bank und Sparkasse die benötigten «Positionspapiere» erstanden werden – mit allen Tricks und allen Betrügereien, die ein großzügiges und daher schwaches Gemeinwesen wie die Bundesrepublik zu tolerieren bereit ist. Ich habe die Westberliner gesehen, wie sie die «Landsleute von drüben» von der kalten Straße hoch in ihre zentralgeheizten Wohnungen einluden, daß jene nicht mit ihren Kindern die Nacht vorm ALDI-Markt im Trabi zubringen mußten; ich habe gesehen, wie sie die Einzelglieder der Endlosschlangen vor den Geldschaltern der Banken mit Kaffee und Kuchen bewirteten, wie sie die völlig ausgehungerten Hamsterfahrer aus dem «Umland» mit Suppe, Würstchen und Tee bewirteten; ich habe sie gesehen, wie sie zur Seite gedrängt wurden, wenn sie ihre U-Bahn-Fahrkarte, für die sie immerhin fast drei Mark hinlegen mußten, auch in Anspruch nehmen wollten; und ich habe auch gesehen, wie rasch die «Freiheitssehnsucht» nachlassen kann, sind erst einmal die Läden geschlossen... und ich sehe allmählich immer öfter das Lächeln der aufrichtigen Freude auf den Gesichtern der Bewohner dieser Hälfte der Stadt Berlin verblassen. Denn was ich sehe, sehen ja auch sie: Hunderttausende von DDR-Bewohnern, die «28 Jahre unter Eingesperrtsein, Entmündigung und politischer Unterdrückung gelitten haben», die nun die Kaufhäuser und Billig-Supermärkte stürmen, auf der Suche nach der Freiheit, die sie so lange vermissen mußten; die sich wieder und wieder vor den Zahlschaltern anstellen, um jene so lange entbehrten Wahrheiten zu erfahren, die hierzulande offensichtlich nur auf den 100-DM-Scheinen veröffentlicht werden; Hunderttausende, die sich nun erschöpft vom wochenlangen Demonstrieren auf dem harten Asphalt der DDR-Straßen, zum Null-Tarif kreuz und quer durch West-Berlin chauffieren lassen müssen, bzw. ihre Autos bevorzugt in Park- und Halteverboten abstellen, da es sich herumgesprochen hat, daß man in der «bundesdeutschen Schlaraffenrepublik» Bananen statt Strafzettel hinter die Scheibenwischer geklemmt bekommt; Millionen, die aus einem Lande kommen, in dem auf eine geöffnete Kaufhalle mit flegelhaftem Personal mindestens hundert Läden kommen, die auf Grund dubiosester Vorwände geschlossen haben, und es offensichtlich ganz in der Ordnung finden, daß es ihnen zuliebe hier zeitweilig überhaupt keine Ladenschlußzeiten mehr gibt.

Ist es tatsächlich noch nötig, auf solche Selbstverständlichkeiten hinzuweisen, daß zum Beispiel all diese «Geschenke» von den Bürgern der Bundesrepublik erarbeitet werden? Erarbeitet übrigens zur selben Zeit, da die «beklagenswerten Landsleute aus der DDR», in der Blüte ihres Lebens und bei offensichtlich bester Gesundheit, zur besten Arbeitszeit die Geschäfte der Bundesrepublik belagern.

Gerade von der «hohen Arbeitsmoral und dem Fleiß» der Menschen in der DDR ist in letzter Zeit viel die Rede – ich habe lange genug in der DDR gelebt, um dazu meine eigenen Gedanken zu haben. Gedanken, von denen ich hier und jetzt nur soviel mitteilen möchte, daß ich es für eine empörende Schafsköpfigkeit halte, wenn sich westdeutsche Politiker nicht entblöden, allen Ernstes die Umwandlung des «17. Juni» vom Feiertag in einen «Subbotnik zugunsten der DDR» vorzuschlagen! Vielleicht kann man ja die BRD gänzlich, so wie sie ist, an die DDR verschenken?!

Im übrigen halte ich es für einen verhängnisvollen Irrtum, anzunehmen, alles das, was es hier für die DDR-Bürger «umsonst» gibt, sei tatsächlich «umsonst» – alles hat bekanntlich seinen Preis, auch dies! In diesem Falle ist der Preis die Würde, die Achtung, die jedem Menschen erst einmal zusteht, und vor allem: das moralische Recht, sich über die Regierung und ihre Vollstrecker zu überheben, denn nun muß es doch für jeden, der zwei Augen und wenigstens fünf Sinne hat, so aussehen, als wäre da eher der Neid, der Wunsch nach Beteiligung am Raffen und Betrügen der Machtbesitzer, der «Vater des Protestgedankens» gewesen, statt wirklicher moralischer Empörung. So kommt es also, daß man zurückkehrt aus «El Dorado» – und erkennen muß, man ist ärmer denn je. Der Kaufhaustalmi und der Hi-Fi-Straß aus Korea haben einen nicht reicher gemacht, aber die Selbstachtung ist – obendrein – verloren. Und wenn es schon schwierig sein dürfte, die Wegwerfartikel der südostasiatischen Elektronikindustrie in der DDR zu reparieren – gegen die Schwierigkeit (die Unmöglichkeit?), die Selbstachtung wiederzufinden, sich der arroganten Verachtung der Welt zu entledigen, dürfte sich das erste Problem als geradezu banal erweisen.

Hat möglicherweise jemand in der DDR Schopenhauers boshafte Interpretation der Bücher Mose – speziell des «Auszugs» aus Ägypten – gelesen? Man sollte es tun – und sich sorgen, daß derart in nicht ferner Zeit auch von den Bürgern der DDR geurteilt werden könnte... womöglich schon in wenigen Wochen, und nicht erst in dreitausend Jahren.

GERT PROKOP

«Alles umsonst»

Die Mitarbeiter der Bücherstube in der Berliner Friedrichstraße hatten während der Winter-Inventur ihrer Be-
stände die Schaufenster bis auf eines leergeräumt. In diesem Fenster lagen zwei Dutzend Bücher der ehemaligen
Obrigkeiten Stoph, Sindermann, Hager, Lange, Mittag,
Tisch – genauer: ihrer Ghostwriter – und als anachronisti-
scher Blickfang «Aus meinem Leben» mit dem einst landesweit in Kneipen und Amtsstuben hängenden Ho-
neckerbild, dazwischen ein unscheinbares, erst auf den
zweiten Blick bemerktes Klappkärtchen: «Alles umsonst».

Nur ein Beispiel mehr des in diesen Wochen sprießen-
den Volkswitzes oder mehr als das, das Fazit?

Die Ereignisse überschlugen sich, Meldungen in den
Spätnachrichten waren am nächsten Morgen bereits
überholt, den Zeitfonds hatte die galoppierende Schwind-

sucht befallen, Demonstrationen, Versammlungen, stundenlange Debatten, nächtelange Diskussionen, die Lektüre der Presse verlangte das Zehn-, Zwanzigfache, und arm, wer jetzt nur eine Tageszeitung abonniert hatte, die Aktuelle Kamera stieg vom Top-Langweiler zum Spitzenreiter auf, Veränderungen überall und in rasantem Tempo, nichts scheint überholter als das Heute, nichts ungewisser als das Morgen – Toflers Zukunftsschock beutelt uns.

Die Frage: «Brauchen wir eine neue Republik?» ist längst entschieden. Mit der alten Republik ist es unübersehbar und unaufhaltsam vorbei. Was aber ist das, was wir jetzt erleben, Wende, Wandel, Reformation, Revolution – oder Auflösung?

Müssen wir alles abschreiben, den Staatsbankrott erklären, die Republik liquidieren, untertänigst in Bonn anklopfen und darum bitten, die immer beschworene Obhutspflicht nun ganz über uns auszugießen?

Liquidieren scheint die einfachste Alternative. Die jetzt bei uns den Hut nehmen mußten, versuchten sich aus ihrer Verantwortung fortzustehlen, indem sie ihren Posten liquidierten, ohne Rechenschaft abzulegen, und hofften, damit hätte es sich getan. Sollen wir es uns alle so einfach machen? Mecklenburg, Brandenburg, Sachsen und Thüringen als neue Bundesländer? Unmöglich wäre es nicht. Welche Bundesregierung könnte es sich leisten, uns abzuweisen, und wie sollten die anderen europäischen Staaten, selbst die immer noch berechtigten Besatzungsmächte es verhindern? Also *Let's go West*, nicht nur besuchsweise, nicht zu Hunderttausenden als Flüchtlinge, sondern die gesamten siebzehn Millionen (wie viele sind wir eigentlich noch?), aufgehen in der anderen deutschen Republik, der erfolgreicheren – der besseren?

Eine intelligente Führung dieses Landes hätte Blätter wie *Der Spiegel* nicht verboten, weil da hin und wieder peinliche Wahrheiten standen, die ohnehin fast jeder wußte, sondern hätte die Lektüre zur staatsbürgerlichen Pflicht gemacht: Woche für Woche ein halbes Dutzend handfester Skandale aus dem anderen Deutschland, Gesetzesbeugungen, Korruption, himmelschreiende Gerichtsurteile, Verbrechen, und nicht nur von kleinen Ganoven oder der Mafia, auch von Konzernriesen, Banken, Industriemanagern, Gewerkschaftsbossen, Parteifunktionären, Regierungsbeamten...

Ist es bei uns anders gewesen? Hat es hierzulande keine haarsträubenden Gerichtsurteile gegeben, nicht sogar Gesetze, die jeden als potentiellen Verbrecher klassifizierten, der wie unsereins schon von Berufs wegen «nicht geheime Nachrichten sammelt», gab es keine Übergriffe der Staatsgewalt, Machtmißbrauch, Bereicherung im Amt, Korruption, Umweltskandale... Täglich neue Enthüllungen in unseren Zeitungen. Jetzt.

Auch für unsere Republik war einmal ein Nachrichtenmagazin konzipiert, das *Profil*, im Frühjahr 1965 begann der Redaktionsstab unter dem damaligen Chefredakteur der *Neuen Berliner Illustrierten* (NBI), Hans Otten, mit der Arbeit, sogar eine Nullnummer wurde gedruckt – die dann niemand mehr sehen wollte, niemand wollte das Papier und die Druckkapazität genehmigt haben; als hätte jemand auch nur eine bedruckte Seite ohne allerhöchste Genehmigung herstellen können. Die Redaktion wurde in aller Stille aufgelöst.

Das 11. Plenum der SED im November 1965 hat nicht nur Heym und Biermann getroffen, nicht nur Schriftsteller und Filmemacher, es hat ebenso die hoffnungsvollen Ansätze zu einer sozialistischen Presse, die dieses Namens würdig gewesen wäre, brutal abgewürgt. Die Mauer hatte durchaus auch positive Entwicklungen begünstigt. Damals dachten wir – ich war damals Bildredakteur der NBI –, wir könnten endlich darangehen, den Sozialismus zu machen, von dem wir träumten. Und gute Zeitungen. Da gab es soziologische Untersuchungen, Dokumentationen, *Tatsachen*berichte und Reportagen, von denen viele heute noch lesenswert sind – man kann diese Behauptung in den Archiven prüfen –, Stefan Heyms Romane wurden in der NBI gedruckt, namhafte Schriftsteller als Autoren gewonnen… Bis das 11. Plenum die Presse gleichschaltete, was folgerichtig zu den Bleiwüsten einer zum Verwechseln ähnlichen Moniteurpresse führte. Viele Journalisten sind nach diesem Herbst gegangen (oder gegangen worden), manche in die Literatur wie Monika Maron, wie Klaus Schlesinger, der damals für die NBI seine ersten Reportagen schrieb. Hat mit diesem Plenum die Talfahrt in die Krise unserer Republik begonnen? Erst damals?

«Ohne allgemeine Wahlen», schrieb Rosa Luxemburg schon vor siebzig Jahren, «ungehemmte Presse- und Versammlungsfreiheit, freien Meinungskampf erstirbt das Leben in jeder öffentlichen Institution, wird zum Scheinleben, in der die Bürokratie allein das tätige Element bleibt. Das öffentliche Leben schläft allmählich ein, einige Dutzend Parteiführer von unerschöpflicher Energie und grenzenlosem Idealismus dirigieren und regieren, unter ihnen leitet in Wirklichkeit ein Dutzend hervorragender Köpfe, und eine Elite der Arbeiterschaft wird von Zeit zu Zeit zu Versammlungen aufgeboten, um den Reden der Führer Beifall zu klatschen, vorgelegten Resolutionen einstimmig zuzustimmen, im Grunde also eine Cliquenwirtschaft, eine Diktatur allerdings, aber nicht die

Diktatur des Proletariats, sondern die Diktatur einer Handvoll Politiker…»

Ja, wir hätten die Klassiker besser studieren sollen, Lenin zum Beispiel: «Nach unseren Begriffen ist es die Bewußtheit der Massen, die den Staat stark macht. Er ist dann stark, wenn die Massen alles wissen, über alles urteilen können und alles bewußt tun.»

Oder Marx: «Demoralisierend wirkt die zensierte Presse. Das potenzierte Laster, die Heuchelei, ist unzertrennlich von ihr, und aus diesem Grundlaster fließen alle ihre anderen Gebrechen… Die Regierung hört nur ihre eigene Stimme… und fixiert sich dennoch in der Täuschung, die Volksstimme zu hören, und verlangt ebenso vom Volk, daß es sich auf diese Täuschung fixiere.»

Zumindest viele der Älteren unter uns haben diese und ähnliche Zitate irgendwann entdeckt, für nur zu wahr befunden. War es nur die Furcht vor der, wahrscheinlich weit überschätzten, dennoch nie auszuschließenden Allmächtigkeit und Allgegenwart der Staatssicherheit, die uns «sprachlos» werden ließ (und die nur über den Umweg der phantastischen Verfremdung Eingang in unsere Bücher finden konnte), das absurde Spektakel unserer real existierenden Situation, daß schon ein Zitat der staatsoffiziellen Urväter genügte, um unter den § 106 des Strafgesetzbuches, «Staatsfeindliche Hetze», zu fallen:

«Wer die verfassungsmäßigen Grundlagen der sozialistischen Staats- und Gesellschaftsordnung der Deutschen Demokratischen Republik angreift oder gegen sie aufwiegelt, indem er 1. die gesellschaftlichen Verhältnisse, Repräsentanten oder andere Bürger der DDR wegen derer staatlicher oder gesellschaftlicher Tätigkeit diskriminiert; 2. Schriften, Gegenstände oder Symbole zur Diskriminierung der gesellschaftlichen Verhältnisse, von Repräsentanten oder anderer Bürger herstellt, einführt oder anbringt… wird mit Freiheitsstrafe von einem bis zu acht Jahren bestraft… Vorbereitung und Versuch sind strafbar.» (Das Gesetz gilt zur Stunde der Niederschrift immer noch.)

Könnten die Klassiker, richtig gelesen, uns jetzt, da das Land so tief in der Krise steckt, noch helfen? Lohnt sich die Mühe?

Die so offensichtlich funktionierenden Strukturen der Bundesrepublik bis an die Oder zu verlängern, verlangte wahrscheinlich den geringeren Aufwand. Dazu bedarf es weder Phantasie noch Mut. Wir müßten nichts aufarbeiten, nichts Neues versuchen, keine Energie aufbringen – keine gemeinsame, nach den ungewohnten Regeln des demokratischen Konsens herzustellende Kraft, sondern nur die Energie des einzelnen, der nun versuchen müßte, sich ein Plätzchen in der kapitalistischen Ellenbogengesellschaft zu erkämpfen.

Haben wir die Honecker, Hager und Mielke endlich in Pension geschickt, um uns dafür Kohl, Waigel und Diepgen einzuhandeln? Sind die Hunderttausende deshalb auf die Straße gegangen?

Am Abend des 8. Oktober, als bei uns in der Schönhauser Allee ein paar hundert mit Kerzen bewaffnete Demonstranten den tief gestaffelten «Sicherheitskräften» gegenüberstanden, die mit Helmen, Schilden und Schlagstöcken ausgerüstet waren, vor ihrer Mauer ein paar offensichtlich mannscharfe Schäferhunde, hinter sich die bis dahin nirgends auf diesem Planeten gesichteten, von Menschenverachtung zeugenden Räumfahrzeuge, als in einer Atempause zwischen zwei Knüppeleinsätzen der Chor «Schämt euch! Schämt euch!» durch die Straße hallte, fand ein Rufer mit seinem «Deutschland, Deutschland!» nicht einmal ein halbes Dutzend Gleichgesinnter.

Später tauchten in den Demonstrationszügen Transparente und Sprechchöre mit der Forderung nach Wiedervereinigung häufiger auf; doch noch immer scheint es hierzulande nur eine Minderheit für die Alternative zu geben, ein Stück der Bundesrepublik zu werden. Wächst jetzt tatsächlich das so lange von der Obrigkeit behauptete Nationalgefühl der Bürger dieser Republik? Selbstbewußtsein auch als Staatsbewußtsein? Oder wachsen nur unsere Ängste?

Wer, wenn nicht wir, muß die Zeche bezahlen? Sicher, die Läden würden über Nacht voller Waren sein; jetzt kann sich jeder mit eigenen Augen in West-Berlin oder der Bundesrepublik ein Bild davon machen. Das Land zwischen Elbe und Oder wäre ein geradezu phantastischer Markt für jeden Handelskonzern. Nicht auch ein Selbstbedienungsladen für bundesdeutsche Banken und Industrie, die sich die Konkursmasse unserer Betriebe zum Schleuderpreis einverleiben würden? Wäre nicht der Osten auf lange Zeit das Armenhaus der vereinigten Bundesrepublik, Billiglohnregion, ein großes, dem Auf und Ab der Konjunkturen unwiderruflich ausgeliefertes Arbeitskräftereservoir? Ist das die Freiheit, die wir forderten?

Vorgestern führte ich meine Kinder zum erstenmal in den Westen. Durch die Bernauer Straße. Mit zwiespältigen Gedanken.

Diese Straße hat besondere Bedeutung in meinem Leben. Hier erlebte ich als Student die erste Straßenschlacht. Zwischen uns FDJlern und der Westberliner «Frontstadt-Polizei». Einige der Mietskasernen der Bernauer Straße waren dann die «Patenhäuser» des Berliner Verlages, in denen wir – meist vergeblich – versuchten, mit den Mietern zu diskutieren, ihnen im Frühjahr 1952 das Stalinsche Angebot für eine Wiedervereinigung schmackhaft zu machen: Friedensvertrag, freie Wahlen, Abzug aller Besatzungstruppen... Hier durch die Bernauer Straße hallten unsere Sprechchöre: «Wiedervereinigung! Deutsche an einen Tisch!» Zwischen den Mannschaftswagen der Ost- und der Westberliner Polizei, die links und rechts der Straße auffuhren, so daß jeden Moment eine Knüppelei zwischen den beiderseitigen Ordnungskräften ausbrechen konnte, weshalb die Grenze schließlich im Tausch mit einer Treptower Straße von der Straßenmitte an die östliche Häuserfront verlegt wurde. (Zwischenfrage: War es denn nicht Adenauer, der die Einheit, für die wir hier und auf der Brücke am Gesundbrunnen und am Hermannplatz zusammengeknüppelt wurden, verhinderte? Der nicht einmal versuchte, Stalin beim Wort zu nehmen, sondern erklärte, «der Tag der Verhandlungen wird erst kommen, wenn der Westen stärker ist als Sowjetrußland». Darf, muß man nicht heute auch daran erinnern?)

In der Bernauer Straße lebte Marianne; wenn wir den Kopf aus dem Fenster steckten, befanden wir uns im Westen. Eines Tages packte sie ihren Koffer und trat zum letztenmal vor die Tür; ich empfand ihr Weggehen als Verrat, nicht nur an mir. Hier, in der Bernauer Straße war ich vor achtundzwanzig Jahren dabei, als die über Nacht zur Grenze gewordenen Häuser geräumt wurden. Voller zwiespältiger Empfindungen. Einerseits Mitgefühl für die fast achtzigjährige Frau, der wir halfen, in eine Wohnung in Weißensee umzuziehen – eine weit bessere als in dieser halbverfallenen Mietskaserne, doch sie wollte nicht: In dieser Wohnung war sie geboren worden, hier wollte sie sterben –, andererseits empfand auch ich damals die Mauer als bitter-notwendig, damit unsere Republik nicht an der offenen Grenze ausblutete. Jahre später fotografierte ich von der Westseite die in drei Meter Höhe abgesägten Häuserfronten mit ihren zugemauerten Fenstern und Türen. Ich habe nie Vergrößerungen angefertigt. Ich schämte mich dieses bedrückenden und wohl absurdesten Bauwerks.

Vorgestern nun ein Spaziergang durch die aufgerissene Mauer, an der jetzt dort stehenden, glatten, bunt bemalten Wand entlang, ein Vorgang, der schon selbstverständlich wirkte: freundlich-gelassene Grenzer, frohe und ebenso gelassene Passanten. Wiedergefundene Normalität oder Neuauflage der alten Probleme? Dann, mit blauer Farbe an eine Hausfront gesprayt die Losung: «Die Freiheit, die sie predigen, ist die Freiheit der Deutschen Bank! DDR-Bürger verkauft Euch nicht!»

Das Wort zum Tage: Kaufen und Verkaufen. Was ist ein Winterschlußverkauf gegen die Öffnung der Mauer? Der Anfang unseres Ausverkaufs? Die hundert Mark Handgeld sind im Nu ausgegeben – was alles werden Dedeerler verkaufen, um sich den Eintritt ins Konsumparadies zu sichern? Ostimärkte an Stelle der Polenmärkte oder in Konkurrenz zu ihnen, schwunghafter, bald wohl auch von Gangs gesteuerter Schwarzhandel mit Lebensmitteln, Schnaps, Zigaretten, mit Kunstwerken, Antiquitäten, Kuriositäten – kein Zoll der Welt könnte das unterbinden. Schwarzarbeit in Deutschland West, klar, Lohndrückerei, und nicht nur durch ein paar Tausend wie schon seit Jahren, da jeden Nachmittag die aus West-Berlin heimkehrenden, vom Staat vermieteten Bauarbeiter den Grenzübergang Friedrichstraße verstopften…

Wie lange wird es dauern, bis in West-Berlin, Hamburg, Essen Dedeerlerinnen auf den DM-Strichen auftauchen, nicht mehr nur ein paar Dutzend wie in den Prager Ho-

tels? Wird niemand versuchen, unsere meist noch hinter-
wälderisch arglosen Mädchen – und Jungen –, die nun mit
vierzehn die Grenze passieren dürfen, auf den Babystrich
zu locken? Wie viele unserer überaus neugierigen und
konsumgierigen Jugendlichen werden der Verlockung
erliegen, sich schnell mal für harte Mark zu verkaufen,
um sich endlich all die schillernden, unentbehrlichen Sta-
tussymbole der Teenyträume leisten zu können? Nur drüben, nicht auch zu Hause? Wird unsere Republik, die noch
zu den Ländern mit der niedrigsten Kriminalität zählt,
eine Flut von Beschaffungskriminalität erleben, vorerst
noch nicht für harte Drogen, sondern nur für harte Mark?
Und wie lange dauert es, bis Deutschland Ost der Drogen-
mafia als lohnender, expandierender Markt gilt? Wann
werden unsere jetzt so offenen Medien von dem ersten
bewaffneten Raubüberfall auf eine Staatsbankfiliale berichten, vom ersten Geiseldrama...?

Es gibt nicht nur neues Denken und neue Freiheiten,
sondern auch neue Ängste. Vor allem bei den Eltern. Wohin werden sich ihre Kinder orientieren, wohin führt der
Weg aus der vorgegaukelten heilen Welt der Jungen Pio-
niere, die nun zusammenbricht? Wie viele unserer Kinder
werden jetzt den Barden eines militanten Nationalismus
folgen, Rechtsradikalismus und Fremdenfeindlichkeit,
die auch hierzulande aufschlagen, wie viele werden in
Drogenwelten flüchten oder zu pseudoreligiösen Sekten,
da sie jede Orientierungshilfe von «Mitläufern» ablehnen
– oder von den nicht weniger ratlosen Eltern gar nicht erst
angeboten bekommen.

Jetzt muß sich erweisen, wieweit wir es verstanden, unseren Kindern zu Hause die Lebens-Mittel Phantasie,
Kreativität, Widerspruchsgeist und selbständiges Denken
schmackhaft zu machen, die in der alten Schule nur zu oft

als negative Kriterien galten. Haben wir sie, um sie der totalen Anpassung zu entziehen, zu Doppelzüngigkeit und Heuchelei erzogen, die sie uns jetzt mit Ablehnung und Vertrauensentzug heimzahlen? Daß meine Kinder nun nicht jegliches gesellschaftliches Engagement ablehnen und sich einzig auf materielle Vorteile orientieren, das hoffe ich, daß sie die Solidarität mit den Menschen der Dritten Welt nicht aufkündigen, daß sie sich für Ökologie engagieren, damit der Planet Erde bewohnbar bleibt, daß sie die Würde jedes Menschen achten, Liebe und Güte für unverzichtbar halten, Zuverlässigkeit und Glaubwürdigkeit... (Nicht um die Glaubwürdigkeit von Politikern sorge ich mich, mögen die sich abstrampeln, um «das verlorene Vertrauen wiederzugewinnen» – haben sie es gehabt? Ich halte mehr von unserem neuen Sprichwort: Mißtrauen ist gut, Gesetze sind besser – Gesetze und Kontrollmechanismen, die das Vertrauen in Politiker überflüssig machen.)

Wir werden mit den neuen Ängsten leben müssen, egal, ob die Republik weiterbesteht oder nicht, denn die Mauer wird nie wieder geschlossen werden, und Freiheit ist nicht nur die Freiheit der Andersdenkenden.

Wir haben unsere einschläfernden, grauen Gewißheiten verloren. Nichts wird mehr sein, wie es war. Die alten Strukturen sind in Auflösung; Gewerkschaft und Jugendverband üben Selbständigkeit und Selbstbewußtsein, die übermächtige Staatspartei fällt in sich zusammen: Honecker, Stoph und Sindermann, das Dreigestirn am Himmel unserer Politbürokratie, aus der Partei ausgeschlossen, Mittag, der allmächtige «Pate», in Untersuchungshaft, sein Ko-Ko-libri Schalk ins Ausland geflüchtet... Dafür neue Parteien, Bürgerinitiativen, Basisgruppen, Bürgerkomitees – hoffnungsvolle Neuorientierung oder nur der turbulente Auftrieb zur Talfahrt in den Zusammenbruch?

Ich habe als Zwölfjähriger den Zusammenbruch des «Tausendjährigen Reiches» erlebt und nie vergessen, wie hilflos und orientierungslos ich plötzlich in einer Welt stand, in der nicht mehr gelten sollte, was gestern noch ehernes Gesetz war. Wie ich von Mutter, Großeltern und Lehrern in Stich gelassen wurde. Wie begierig ich nach der Rettung aus diesem ohnmächtigen Zustand griff.

Ist meine Generation nur deshalb auf den Sozialismus gekommen, weil sie vom Übervater Adolf zum Übervater Josef Wissarionowitsch wechselte? Das auch. Es war leicht für den Zwölfjährigen, das eine Idol gegen ein anderes auszutauschen, die Verbrechen des A. entsetzt zur Kenntnis zu nehmen und sich «Stalin dem Großen, dem unendlich Weisen» in die Arme zu werfen. Er bot logisch faßbare Erklärungen, und was hatte ich mit den Verbrechen zu schaffen? Ich mußte nur meinen Teil an der deutschen Kollektivschuld tragen, Trümmer wegräumen und Neues aufbauen. Aber es war mehr als das.

Ich bin groß geworden mit einem Traum: eine Welt ohne Krieg, ohne Hunger und Not, wie sie Jahre meiner Kindheit überschatteten, ohne Ausbeutung und Unterdrückung, eine Welt, die sozial, gerecht und moralisch sein, die menschenwürdiges Dasein für jeden und überall auf der Erde bringen sollte, ein Reich der Freiheit, «worin die freie Entwicklung eines jeden die Bedingung für die freie Entwicklung aller ist» und jeder nach seinen Bedürfnissen leben kann.

Nur eine Utopie, eine der großen Visionen, die die Menschheit hervorgebracht hat, ebensowenig zu verwirklichen wie die Ideale der Französischen Revolution,

«Freiheit, Gleichheit, Brüderlichkeit», nicht mehr wert als die Bergpredigt des Jesus aus Nazareth?

Auch nicht weniger. Menschen brauchen Träume. Ohne Visionen und Ideale hockten wir Menschen heute noch in der Steinzeit.

«Wir wissen wohl», schrieb Kurt Tucholsky 1919, «daß man Ideale nicht verwirklichen kann, aber wir wissen auch, daß nichts auf der Welt ohne die Flamme des Ideals geschehen ist, geändert ist, gewirkt wurde.» Ist unsere Flamme im Novemberwind der Wahrheit ein für allemal erloschen?

Nicht nur die Buchhandlungen machen Inventur, und was zutage tritt, ist vielfach erschreckend. Es gibt kein Gebiet, auf dem wir nicht belogen und betrogen, manipuliert und entmündigt worden sind. Im Namen einer der schönsten Ideen. Das Bedrückendste sind nicht die skandalösen Fälle von Amtsmißbrauch und Diebstahl von Volkseigentum durch die Spitzenpolitiker – davon hatte man gehört, wenn auch nicht in diesen Details, nicht in dieser erschreckenden Summierung –, sondern daß die alten Männer, die vorgaben, nur im Interesse des Volkes zu handeln, bereit waren, Krieg gegen das eigene Volk zu führen, um ihre Sessel nicht räumen zu müssen. Was wird noch alles ausgegraben werden? Wer wird im Frühjahr noch für einen, wie auch immer etikettierten Sozialismus sein? Haben Stalin und seine Epigonen die Idee des Sozialismus nicht derart diskriminiert, daß in Deutschland für lange Zeit niemand mehr auch nur das Wort hören will?

Ich habe lange gebraucht, bis ich aufhörte, die unübersehbaren Widersprüche zu verdrängen, bis ich die quälenden Fragen überhaupt zuließ. Es war ein langer, schmerzhafter Prozeß, kein Zusammenbruch. Es ist leichter, Illusionen nachzugehen, Fehlentwicklungen nur als zu korrigierende Fehler zu sehen, ein Ideal mit ideologischen Argumenten zu schützen – das haben nicht nur Kommunisten erlebt. Die Idee von der durch Vernunft zu begreifenden und vernünftig einzurichtenden Welt hat eine ungeheure Faszination, die niemanden so leicht wieder losläßt. Und befand ich mich nicht in der besten Gesellschaft, überall auf der Erde? Ich habe lange zu der Erkenntnis gebraucht, daß meine real existierende Umwelt wenig mit dem Ideal gemeinsam hatte, nach dem sie angeblich ausgerichtet worden war. Die Sehnsucht ist geblieben.

Und nach dem Bankrott der poststalinistischen Politbürokratie in ganz Europa die bange Frage: Was für eine Welt wird es sein, in der es zum ungehemmten Kapitalismus der internationalen Multikonzerne keine Alternative mehr zu geben scheint?

Theoretisch haben wir die Chance für eine neue Republik, praktisch müssen wir darum bangen, daß wir den Winter – schon immer einer der «Hauptfeinde des Sozialismus» – überstehen, müssen hoffen, daß die Versorgung nicht zusammenbricht, die Wirtschaft nicht in Chaos versinkt, daß genügend Menschen hierbleiben und arbeiten, daß man uns wenigstens über die dringendsten Nöte hilft – aber werden unsere «Brüder und Schwestern» nicht weiterhin vergessen, daß nicht wir allein den Krieg der Deutschen gegen Europa verloren, ihn aber fast allein bezahlt haben? Lassen sie uns nicht am ausgestreckten Wohlstandsarm dahinvegetieren, bis eine genügende Mehrheit für die Liquidierung der Republik demonstriert, oder für eine schnelle Konföderation, in der die gegenwärtige Bonner Regierung die Bedingungen diktiert? Ist es nicht naiv, nur eine Illusion mehr, anzunehmen, daß Deutschland West, auf dessen Hilfe viele setzen, Deutschland Ost gestatten soll, eine echte Alternative zu werden?

Und wird es morgen abend noch eine Mehrheit, wenigstens eine qualifizierte Minderheit für einen Aufbruch zu neuen Ufern geben, für den Versuch, nicht in der Wegwerfgesellschaft aufzugehen, die auf Kosten der ärmeren Völker und von der Ausplünderung unseres Planeten lebt, für eine zweite, eine deutsche und demokratische Republik, für den verschrienen dritten Weg: weder Kapitalismus noch Politbürokratismus. Vielleicht kein Sozialismus, aber eine Demokratie, die des Namens würdig wäre: tatsächliche Volksherrschaft. Nicht nur eine Wahldemokratie, in der das Volk alle paar Jahre seine Rechte an Abgeordnete übereignet, sondern seine Forderungen in Demonstrationen und Kundgebungen unüberhörbar formuliert und alle entscheidenden Fragen durch Plesbiszite entscheidet, eine Republik, in der aus dem Staatseigentum – zu dem jetzt klammheimlich auch die von der SED angeeigneten Betriebe zurückkehren – wirklich Volkseigentum wird, wo Gerechtigkeit allerorten herrscht, wo Sachverständige ohne ignorante und arrogante Bürokratie zum Nutzen aller entscheiden können – aber auch ohne das Diktat des schnellen und maximalen Profits, mit einer Volkskontrolle, die jedem Abgeordneten, Beamten, Leiter auf die Finger schaut… wo auf der Erde gäbe es so etwas?

Im vorigen Sommer machten wir Urlaub im Ostseebad Boltenhagen. Dreimal täglich mußten wir auf unserem Weg zum «Verpflegungsschwerpunkt» an einer Straßenlosung vorüber, die damals blanker Hohn war: «Unser sozialistisches Vaterland – Heimstatt für Freiheit, Demokratie und Menschenrechte».

War der Autor dieser Losung am Ende kein hemmungsloser Zyniker, sondern ein Prophet?

Traurige Freude

Die «Diktatur einer Handvoll Männer» ist ins Straucheln geraten. Von Angst um die Macht befallen, trat die Diktatur die Flucht nach vorn an und öffnete die Grenzen. Flohen in den Tagen zuvor Zehntausende, so flohen nach der Grenzöffnung nur noch Tausende.

Auf einem Höhepunkt des starken, friedlichen Volksprotestes gegen die Diktatur dachte die Herrschaft – wie immer – an das Wort Mao Tse-tungs, die politische Macht komme aus den Gewehrläufen. Die chinesischen Herrschaften hatten kürzlich auch des Mao-Wortes gedacht; mit Gewehrschüssen nahmen sie der chinesischen Protestbewegung den Frieden.

Der neuere alte DDR-Führer war vor einiger Zeit des Lobes voll für die Erschießung chinesischer Demonstranten. Später hieß es, gerade er habe die Erschießung Leipziger Demonstranten verhindert. Ist das wahr? Wenn es wahr ist, muß man ihn für einen gelehrigen Machtpolitiker halten. Er hätte schnell begriffen, daß Leipzig in der Mitte Europas liegt, und er hätte sich – in weiser Voraussicht seiner neueren alten Führerschaft – ein großes Feigenblatt besorgt. Wenn nicht er es war, der eine Metzelei in Leipzig verhindert hat, so wäre die Behauptung, ihm gebühre das Verdienst, um so geschickter.

Die friedliche, starke Bevölkerung will eine andere Republik, und die neueren alten Führer haben Mühe, die Opposition einzuholen, um sich – frisch gewaschen – an ihre Spitze zu setzen.

Das erste Bedürfnis der Bevölkerung, das Bedürfnis, freigelassen zu werden, mußten die alten und neueren alten Führer stillen – dem Volk gehorchend, nicht dem eigenen Triebe.

Die Freude auf den Gesichtern, die Tränen in den Augen der Freigelassenen waren bewegend. Ich sah Leute kommen, die nach den ersten Schritten von Weinkrämpfen befallen wurden. Ich hörte Leute, die vor Erleichterung schrien und lachten. Die Leute waren außer sich, sie boten Zeichen einer Art von Manie, eines heiter-erregten Zustandes der Enthemmung und Antriebssteigerung. Man mochte an das Verhalten von Menschen erinnert sein, die aus einer niedergedrückten Lage, aus einem Zustand der Depression und Apathie erwachen, und die Depression sei mit dem Fortfall ihrer Ursache augenblicklich abgeklungen.

Das Übermaß der Freude, das die plötzlich Freigelassenen zeigten, ist aber auch ein Ausdruck für das Übermaß der Niederdrückung, der die vormals Eingesperrten unterworfen waren. Maßlose Freude war die Kehrseite maßloser Trauer. Jahrzehntelange widerrechtliche Einsperrung ist wie widerrechtliche lebenslängliche Haft. (Der alte Führer E. H. hatte vor nicht allzulanger Zeit eine noch hundertjährige Einsperrung prophezeit; nun ist er der Gefangene seines Wahns, es könnte das reichliche Viertel eines Volkes für Generationen hinter Mauern gehalten werden. Nicht unglaubhaft klingt die Vermutung, der beiseite geschobene alte Führer E. H. liege, das Telefon zur Hand, auf dem Krankenbett und krächze in dem Glauben, er sei noch immer Führer, Schießbefehle an Armee und Sicherheitsdienst in die Muschel. Es fehlt nur, daß er sich in einem Bunker aufhalte.) Jahrzehntelange widerrechtliche Einsperrung heißt, um das halbe oder ganze Leben betrogen worden zu sein. Die Einsperrung hieß schmerzliche Trennung von Familien und Freunden, von Orten und Landschaften, hieß Trennung von geistigen und kulturellen Werten. Der Versuch, die Einsperrung zu überwinden, hieß psychische und physische Verwundung, hieß vielmals Tod, nämlich Ermordung.

Nach Jahrzehnten wurde und wird gefragt: Wo lag der Sinn der Einsperrung? (Ein Freigelassener sagte: «Weil Tausende wegliefen, wurde 1961 die Mauer gebaut. 1989 wurde die Mauer geöffnet, weil Tausende wegliefen.») Die Sinnlosigkeit der Einsperrung, die Sinnlosigkeit des Lebensbetrugs, des Schmerzes, der Trennungen, Verwundungen und Tode vertieft die Trauer.

Die Erinnerung an die psychischen und physischen Schäden, die die Diktatur verursacht, an die Opfer, die die Diktatur gekostet hat, führt zu den Schuldigen.

Die Schuldigen übten sich sogleich in der Ausrufung der Stunde Null. (Der neuere alte Führer E. K. sagte in einem Interview: «Lassen wir die Vergangenheit ruhen. Blicken wir in die Zukunft.») In salvierenden Reden hob die große Weißwäsche an. Keiner wollte es so recht gewesen sein.

Konnte Schuld auf keinen Fall geleugnet werden, beriefen sich die Schuldigen auf einen Befehlsnotstand. (Der erbärmliche, widerwärtige Auftritt einiger Haupttäter, die zur Rede gestellt wurden, ist in guter Erinnerung – ertappte Räuber und Totschläger geben sich nicht anders.)

Ein verschlagener trotziger Führer namens E. M., ein überführter Doppelmörder, ehemals verantwortlich für die Unsicherheit im Staate, erschreckte die schüchternen Frager mit der Versicherung, er liebe sie. (Der Zuschauer konnte sich kaum der Erwartung entziehen, im nächsten Moment öffneten sich die Saaltüren, ein bewaffnetes Kommando stürme herein und setze die Frager unter den Augen des liebevollen Doppelmörders fest.)

Wieder andere, unleugbar große Schuldige, üben ein wenig Kritik an sich selbst und lächeln ihren Opfern bissig ins Gesicht.

Aus dem Heer der mittelgroßen, kleineren und kleinen Mittäter wurde die Erklärung angeboten, man habe lediglich mitgetan, um Schlimmeres zu verhüten. Manche überraschten das Publikum mit der Offenbarung, sie seien im Prinzip schon immer dagegen gewesen, zumindest seit einem Jahr oder seit mehreren Wochen. (Für den ehemaligen Stellvertretenden Minister K. H., einst Gebieter über die Zensur, die Verlage, über den Buchhandel und zuständig für die Kriminalisierung und Vertreibung von Schriftstellern, wurde auf eine jüngste Unterschrift zugunsten des tschechoslowakischen Schriftstellers und Bürgerrechtlers Václav Havel verwiesen. K. H. stieg in seiner Partei zur Belohnung für sein frühes Demokratentum zum

Leiter einer Kommission auf, die gar die gesamte Kultur kommandieren soll.)

Die Freigelassenen aber suchten nach Worten für das Ereignis der Freilassung und stammelten: Wahnsinn, unfaßbar, unbeschreiblich.

Wahnsinn? Das Unnormale, die Einsperrung, war so sehr zur Normalität geworden, daß das Normale, die Freiheit, nur noch mit einem Wort für Trugwahrnehmung zu beschreiben blieb.

Unfaßbar? Das Wort dient der Beschreibung von Sachverhalten, die das Vorstellungsvermögen übersteigen. Wird nicht der Tod als unfaßbar bezeichnet? Nun aber hieß eine Qualität des Lebens «unfaßbar».

Wahnsinn, unfaßbar – der Gebrauch dieser Worte für das Normale, Lebendige zeigt an, daß die Diktatur elementare menschliche Werte pervers ins Negative verkehrt hatte.

Unbeschreiblich? Die Diktatur hatte den Eingesperrten die Sprache genommen, um Ausdrücke für das Normale, Lebendige zu finden. Keiner der Freigelassenen, die ich auf Westberliner Straßen hörte, hat den Zusammenbruch der Mauer «normal» genannt. Das Sprachmonopol der Diktatur, das die Eingesperrten zur Doppelzüngigkeit zwang oder zum Verstummen brachte, herrschte in den Köpfen fort, als die Füße schon einen Schritt weiter waren. Der Wortwitz, der sich auf Plakaten und Spruchbändern von Demonstranten äußert, sagt aber, daß auch die Sprache nicht auf Dauer eingesperrt werden kann.

Es ist viel die Rede von einer Revolution in Ostdeutschland. Die Revolution steht noch aus. Ostdeutschland hat eine demokratische Revolution vor sich, die den stalinistischen Feudalabsolutismus beseitigen könnte. Das Jahr 1789 hat in Ostdeutschland 200 Jahre Verspätung. Der

Sturm auf die Bastille kann kommen. Das starke Aufbegehren der ostdeutschen Bevölkerung, das die Öffnung der Grenze erzwungen hat, ist eine Revolte der Nerven, die zum Zerreißen gespannt waren, des Herzens, das einen Mauer-Ringe gesprengt hat, des Magens, der einen üblen Brei ausspeit. (Ein ostdeutscher Witz, der auf die Formel vom unversöhnlichen Gegensatz zwischen Kapitalismus und Kommunismus anspielt, stellt die Frage, welches System in einem unversöhnlichen Gegensatz zum kommunistischen System stehe. Die Antwort lautet: Das Nervensystem.)

Die Revolte gegen den unfaßbaren, unbeschreiblichen Wahnsinn der Diktatur kann in eine rationale Revolution münden, die normale, lebendige, demokratische Verhältnisse schafft.

STEFAN SCHÜTZ

Die Trabis greifen nach Trüffeln

Aus einer Potsdamer Parklücke fuhr ich im Jahre 1976 mit einem Trabi 601 S Marke *Sanssouci* gegen einen Mercedes 300 SL Fabrikat *Reichstag*. Wie aus dem Nichts blieb ich Sieger. Der Winkel von 45 Grad, mit dem ich die Stoßstange der Rennpappe in die Weichteile des Westkreuzers rammte, war reine List der Geschichte; eine jener satten metaphysischen Bomben, mit denen die Dinge zuweilen zu überraschen verstehen, um uns einen Wink von jenseits der profanen Welt zukommen zu lassen. Dem Trabi kratzte es nicht einmal den Kotflügel, während dem Mercedes die Seite aufgerissen wurde. Büchsenöffnerprinzip.

Das ist unsere Chance. Lange genug haben wir geparkt, jetzt raus aus den Lücken. Kamikaze Ost gegen Flaggschiff West.

Die Dinge, die von der Abendgesellschaft seit etwa 200 Jahren produziert wurden und werden, sind immer auch als Bollwerk gegen die heiligen Bezirke samt dazugehörigen Göttern und Dämonen gedacht, wobei die Bekämpften zugleich als Unbewußtes in den Angreifern existiert, das sich wie unsterblich gebärdet, den Tod nur bei Freud und Feind akzeptiert. Die Waffen, die wir erfinden, um andere zu vernichten, haben sich längst gegen uns selbst gerichtet. Die Dinge verschlimmern heißt, die Verhältnisse verbessern sich. So dienen die Dinge gleichzeitig zwei Welten, der einen als Abwehr gegen die andere, und der anderen als Maulwurf gegen diese. Das macht die immer schneller werdende Entwicklung der Technologie aus, die jede Aufklärung zur Bedienungsanleitung verkommen lassen hat, und die ein halbes Jahr Garantie gewährt für das Produkt im Kampf gegen Baal, Dionysos und andere Naturkonserven. Aber die Recken des Thermidor haben die Rechnung ohne die Dinge gemacht. Seit sie am Midassyndrom leiden (heute: apokalyptische Akkumulation), und alles angrabschen, damit es sich in Ware verwandelt, um Geld zu machen, neigen sich die Dinge bereits zum Vorteil der anderen Seite, und die Thermidorianer müssen immer schneller produzieren, um die Ordnung aufrechtzuerhalten, was wiederum das Chaos noch rascher herbeiführt.

Tolldreistes Geschehen auf den Jahrmärkten des Konsums. Trabibesitzer, Fußgänger und andere aus der Sippe der Zonis kämpfen, indem sie die Bananenschalen auf den Bürgersteig werfen, gegen die Stagnation im Westen. Seither ist einiges ins Rutschen gekommen. Sie, die ihre Repressionsregierungspartei zum Teufel geschickt haben, damit diese noch einmal die Details übt, bevor sie das nächste Mal als verkommener und mißtratener Halbgott wieder die große Ordnung mit der großen Produktion verwechselt, sie, die, ohne es zu wissen, ein Werkzeug sind der Dinge, die sie selbst hergestellt haben, sie, die Opfer sind *und* Nutznießer einer spätkapitalistischen Demokratie und Produktionsblüte, sie, die das Komplexe erahnen (Revolutionen macht man heutzutage unter den Fittichen der Reaktion, das ist ein Schlag mindestens in zwei Richtungen), sie alle arbeiten als Maulwürfe ungewollt im Auftrag jener Kraft, die weder gut noch böse sein will, sondern Bewegung schafft.

Die Fünfundvierzig-Grad-Karambolagen häufen sich. Immer öfter wird das Traumauto *Let's go West* aus der Arena mit aufgerissenen Weichteilen abgeschleppt. Die Trabis sind wie junge wilde Stiere, es kommt zu den ersten Herdenangriffen gegen die motorisierten Toreadors. Westwagenbesitzer rotten sich zusammen und rufen *Macht die Trabis platt. Die Affen aus dem Osten können nicht fahren und schädigen die Umwelt.* Die Trabiverfolgung beginnt. Es kommt zu Bartholomäus-, Bethlehem- und Kristall-Nächten. *Trabis sind Hexen und müssen verbrannt werden.* Krieg der Viertakter gegen die Zweitakter. Herrenrasse gegen Knechtverschnitt. Dämonen und Götter spielen im Schutz der Dinge mit den Menschen Einkriegezeck. Tendenz: Hasch uns, wir sind die Katastrophe. Die Hardware der Dinge und Materie tanzt mit der Software aus Gedanken und Gefühlen ein verschlungenes Strudelballett. Denn sie wissen nicht wie die Schleife geht, Verschlingung der Ebenen.

Unterdessen strudelt es auf den Straßen, die Trabis greifen nach den Trüffeln. Die Sterne stopfen derweil ihrem Gegner Kartoffeln in den Auspuff. Viele junge Stiere stehen am Scheideweg. Entweder bleiben sie die Ostmark, Ostdeutsche, Ostgoten und stehen zu ihrer Karosse, oder sie lassen sich das Fell über die Ohren ziehen, steigen auf Westwagen um, und werden selber Stierkämpfer. Die linken Toreadors mit dem grüngoldenen Mistkäferkostüm Marke Super 68 fordern die Abschaffung der Trabis, Rückkehr der Ostaffen in ihre angestammte Heimat und die Errichtung der ersten autolosen Gesellschaft, als historischer Zukunftsstaat. DDR = Deutsche Django Republik. Film ab. Das niederrheinische Tropenkommando Bonn 2000 verflucht den Tag, an dem es die Geister rief. *Und alle alle kamen.* Eine Sieben-Mann-Partei, die sich Exorzistischer Aufschwung nennt, bekommt Auftrieb und Zulauf, als sie die Weltparolen herausbringt: *Gehen wir Trabis verkohlen im Land. Treiben wir ihnen den Dämon aus. Trabifrei heißt dämonenfrei.*

Doch wer konnte sich damals noch an den Spruch erinnern, *Wer nach Geistern schlägt, verwundet nur sich selbst.* Nicht einmal die Trabistiere ahnten, daß sie von allen Geistern besetzt waren, um mit Göttern und Gnomen die Welt der profanen Dinge tanzen zu lassen, denn unschlagbar sind die Energien und unberechenbar die Dinge, weil das Bestimmte unbestimmbar ist und das Nichtbestimmbare wahrscheinlich.

Trabikollektive gegen Charaktersterne. Die Objekte schleifen die Subjekte, die Subjekte sind hinter den Objekten her, das fördert und verändert die List der Objekte und zwingt die Subjekte, neue Fang- und Produktionsmethoden zu entwickeln. Das wiederum erhöht die Geschwindigkeit des Strudels der Spirale, Zentrifugalkraft und Gravitation intensivieren sich wechselwirkend und verändern Raum und Zeit, und bei dem Versuch der profanen Welt, auch das letzte Loch zur sakralen Welt abzudichten, kommt es zur Implosion oder einer Supernova, Materie und Energie kennen den Ausgang. Leviathan rühmt das komplexe Ganze, und die lieben Götter loben, daß der Teufel im Detail steckt.

Friede den Trabis und Krieg den Sternen. *Was ihr wollt.* Freie, aber keine geheimen Wahlen.

Bis auf weiteres Unruhe stiften.

Den Trüffelschweinen die Delikatessen wegfressen.

Alles nehmen und nichts dafür geben.

Sagt ja zu allem und macht das Gegenteil.

Das große Pokerspiel hat begonnen, setzt eure Kollektivmasken auf, es geht um alles oder nichts.

Trabanten, der Mond ist auf eurer Seite.

Laßt im Fünfundvierziggradwinkel die Hörner sprechen.

Die Götter und Dämonen kennen keine Seiten, weder gut noch böse, oder Vergangenheit, Gegenwart und Zukunft, noch oben unten und rechts und links, bitte macht ihnen den Spaß und übt euch weiter im Ordnung-und-Chaos-Spiel. Wenn nicht, ist das Materie und Energie auch recht, denn aus dem Nichts kommt nun Geselligkeit in die Geschichte.

Tatsächlich geschieht alles, was möglich ist (aber nicht alles, was denkbar ist), irgendwo auf irgendeinem Zweig dieser mannigfachen Wirklichkeit.

In diesem Sinne, liebe Trabis, ward ihr bisher ein vielversprechender Beginn auf dem Weg in die Erkenntnis über die komplexe Welt.

LOTHAR TROLLE

Mohrrüben für alle!

Lieber S., keine Angst, von Dir als letztem erwarte ich
Verständnis, daß ich jetzt zu dieser Stunde (kurz nach
13 Uhr) vor Deinen Käfig trete und, Spielbein vor, Stand-
bein zurück, den rechten Arm erhebe und aushole zur
ciceronischen Geste. (Und nicht wie geboten schon längst
unterwegs bin, Dir Dein wohlverdientes Mittagsmahl –
vielleicht kriege ich heute sogar ein Bund Petersilie – zu
besorgen.)

Tja, Schnukkel (Du gestattest doch, daß ich Dich bei
vollem Namen nenne), die Vormittage, in denen Herrchen
an seinem Schreibtisch saß und öfters als Konzentration
erlaubte (wann drängten nicht Termine) sich nach hinten
umdrehte zur Wanduhr (wie lange dauert es denn noch),
bis es endlich soweit war (nie früher als halb zwölf, doch
keinesfalls später als zwölf), daß er von seinem Stuhl am

Tisch aufspringen durfte, um in die Küche zu rennen, dort den Einkaufsbeutel vom Haken zu reißen und loszurennen, die Treppe abwärts auf die Straße und dort weiter auf kürzestem Weg Richtung HO Obst- und Gemüseladen, sind bald wehmütige Erinnerungen.

Nicht, Schnukkel, daß es Deinem Herrchen nun besonderes Vergnügen bereitet hätte, sich hineinzustürzen in das mittägliche Einkaufsgedränge dort in der Ernst-Thälmann-Straße/Straße der Befreiung, auf einem Trottoir, das mehr einer rotwimplig eingezäunten Baustelle glich für Dumper und machtbewußte Tiefbaubrigadiere als einem schmalen Sicherheitstrakt für einkaufsbesessene Fußgänger, sich das Schrittempo seines Vorwärtsstürmens vorschreiben zu lassen von einem Rentnerehepaar mit vollen Einkaufstaschen (das schleicht und schleicht und stirbt nicht) oder unvermittelt, während Herrchens Blick beim Vorwärtsschleichen seitwärts schweifte uind er das Abtriften eines welken Blattes verfolgte, einen fremden Ellbogen in den Rippen zu spüren und dabei nur wenig zeitverschoben aus dem Mund einer vierzigjährigen Walküre nicht etwa ein dahingebrummeltes *Entschuldigung* zu hören, sondern eher ein barsches *Gehen Sie doch zur Seite! Ich muß nach drüben in die Drogerie, dort soll es Papiertaschentücher geben!* Oder meinst du, Schnukkel, Herrchen fand Freude daran, sein Herz bis zum Hals zu spüren, weil dort draußen in dem Gedränge vor HO und *Konsum* forsch und feindselig ein Einsneunziger auf ihn zuwalzte und Herrchen vom Trottoir fegte: *Weg da! Sehen Sie nicht, ich muß in den Elektroladen, dort gibt es heute Dreißig-Liter-Boiler!* Das alles, Schnukkel, war durchaus auszuhalten, wußte Herrchen doch, vorn an der Kreuzung Ernst-Thälmann-Straße/Klement-Gottwald-Allee (bei Grün darfst du gehn, bei Rot bleibe stehn)

Die Welt des Geistes und des Geldes

ENGLAND

*«Keine Gesellschaft kann gedeihen
und glücklich sein ...*

… in der der weitaus größte Teil ihrer Mitglieder arm und elend ist.»

Adam Smith

Es ist auch ein Verdienst der Aufklärung, daß man begann, über Möglichkeiten der Vermögensbildung für alle Bevölkerungsschichten nachzudenken, und dabei zu Formen des Sparens kam, die heute noch genauso hochgeschätzt werden.

Pfandbrief und Kommunalobligation

Meistgekaufte deutsche Wertpapiere - hoher Zinsertrag - bei allen Banken und Sparkassen

Verbriefte Sicherheit

kommt das alles zum Stillstand, steht Herrchen am Straßenrand mit seinem Volk auf du und du beim Warten auf die Limousinen aus der Waldsiedlung W. *Was gab es denn heute nicht in Wandlitz, daß die kurz vor dem Mittagessen noch einmal ins ZK müssen?* lautet die Frage, die den Gesichtern beiderseits der Durchfahrtsstrecke anzusehen war. Und zu gerne hätte jeder der Wartenden dort am Straßenrand denen dort hinter den mattierten Panzerglasscheiben der Volvos zugerufen: *Guten Einkauf in der Spezialverkaufsstelle*, doch auch im ZK schien der Volkswille zu herrschen, *Wer zuerst da ist, steht als erster in der Schlange*, denn warum sonst hätten die es so eilig gehabt, vorbeizurauschen und sich nicht einmal die Zeit genommen, einen Blick zur Seite zu werfen auf all die Geduldigen, die ihnen da das Beste wünschten. Auszuhalten war das alles, Schnukkel, weil Herrchen wußte, irgendwann braust auch der letzte Politbüro-Volvo vorüber, irgendwann schaltet jede Ampel auf Grün, irgendwann kommt auch er beim HO Obst- und Gemüseladen an und darf dort schon von der Ladentür aus dem Fräulein Müller hinter dem Ladentisch zurufen: *Haben Sie heute Mohrrüben da?* Und erlebte Herrchen auch öfters als ihm bei seiner Tierliebe zuzumuten war, daß Fräulein Müller (die natürlich um diese Zeit hinter ihrem Ladentisch eine Zeitung durchblätterte) ihm, ohne den Blick von der Zeitung zu heben, antwortete: *Neee*, dauerte es doch nur wenige Augenblicke, bis die ihn so mit einem Wort auf den Boden der Tatsachen Schmetternde ihn dort am Ort seines Schicksalsschlages einen Schritt hinter der Ladentür (meist noch die Klinke in der Hand) erlöste: *Gehen Sie doch rüber in den Bäckerladen und kaufen Sie Ihrem Karnickel ein Brot. Das kostet Ihnen nicht einmal die Hälfte, und Ihr Karnickel knabbert an so einem Brot mindestens eine Woche.*

Doch was meinst Du, Schnukkel, was Fräulein Müller aus dem HO Obst- und Gemüseladen bald, wenn sich keiner mehr so richtig erinnern kann, wie wir alle einst nach Papiertaschentücher und weiß ich was joggten, wie wir uns alle sammelten (auch innerlich?), um die Volvos passieren zu lassen, wenn über Fräulein Müllers Obst- und Gemüseladen bald in rot-grün-gelben Buchstaben *Gemüse Müller* leuchtet, was mir da Fräulein Müller als schmackhafte Karnickelspeise verkauft? (Und Du, Schnukkel, kennst meine Unfähigkeit, *nein* zu sagen!) Oh, Schnukkel, da trete ich nicht nur mit einer prall gefüllten Plastiktüte voller Kiwis vor Deinen Käfig, sondern auch mit drei Kilo frischen japanischen Avocados, einem Viertelzentner thailändischen Schwarzwurzeln, einem halben Zentner chinesischen Weißkohl, doch einen Brotkanten kriegst Du da nie wieder zu sehen!

So also, Schnukkel, bezahlst Du mit permanenten Magenbeschwerden und einem Durchfall, der Wochen andauern kann, und ich mit einer Tierarztrechnung, die ich bald nicht mehr bezahlen kann, daß auch wir uns dem Ruf nicht entziehen konnten, *Schließt euch an, Schließt euch an*, und ich aus der Gerümpelkammer die Tragetasche kramte und wir beide (Du in meiner Rechten) das Karree Wilhelm-Pieck-Straße/Rosa-Luxemburg-Platz/Platz der Akademie umkreisten, bis wir endlich (oh, Rettung dieses vertrödelten Nachmittags) Ecke Hans-Baimler-Straße auf einen Trupp Weißbekittelter stießen, die uns bereitwillig mitnahmen zum Eingangstor des ZK, wo Ärzte, Schwestern und unterwegs aufgelesener Passant mit Karnickel gegen bronzene Torflügel skandierten: *Bonzen steigt aus euren Volvos aus, wir brauchen sie fürs Krankenhaus!*

Oh, Schnukkel, ahnten wir denn nicht, auf was wir uns einlassen, als wir mit der Hundertschaft Kurzgeschorener am Marmor des Staatsratsgebäudes widerhallen ließen: *Brecht der Bürokratie die Gräten, alle Macht den Räten!*

Oh, Schnukkel, wußte denn keiner, eine Wende ist keine Wende, tritt nicht auch im Leben der Hauskarnickel eine Wende ein, als man nächtelang in unserer Küche die Köpfe sich rot diskutierte und keiner eine Idee hatte, was halten wir nun von (ich glaube) Stolpes Vorschlag, wir alle müssen nur die vorhandenen Strukturen mit Leben erfüllen und schon sieht alles ganz anders aus, bis schließlich P. Th. (kam zu spät, hörte kurz zu und hatte gleich die Idee) uns rettete: Wir treten ein in den Deutschen Anglerverband DAV, den nennen wir dann *Deutsche Anarchistische Volkspartei*, und schon ist hier der Teufel los, und zwar unumkehrbar.

Darum also wirst Du, Schnukkel, unheilbar an Magenkatarrh leiden, und ich werde fast sterben vor Angst, Du stirbst mir noch weg, weil wir nach erfolgreicher Parteigründung im Hinterzimmer von Maxens Kneipe doch noch zusammenblieben und wir *es* trotz einer Bierrechnung, die inzwischen ins Dreistellige geklettert war, wissen wollten: *Und wie wollen wir Parteigründer uns des weiteren eigentlich anreden?* und wir vermutlich noch am Nachmittag dieses historischen Datums zusammengesessen hätten und bei einer inzwischen vierstelligen Bierrechnung die Spaltung bzw. Vierteilung der Partei nicht hätte vermieden werden können, hätte nicht (na wer schon) P. Th. uns aus der Parteikrise gehauen: *Ganz einfach: Werter Mitläufer! Das ist nun wirklich neu und behaupte keiner, werter Mitläufer Böhme, werter Mitläufer Reiche hört sich nicht sozialdemokratisch-solide an?*

Schnukkel, weil wir es nicht lassen konnten, *einmal dabei* sein wollten und uns in den Zug nach Leipzig setzten (einer Fahrt freilich, die bereits hinter Schöneweide umgeleitet wurde in einen Schienenersatzverkehr und hinter Bitterfeld in Sicht- und Geruchsweite des Chemiegiganten auf freier Strecke endete, so daß uns schließlich zur gewissen Stunde nichts anderes übrigblieb, als uns dort neben den Zug auf den Bahndamm zu stellen, oder aus den Zugfenstern zu lehnen, und zwischen stillgelegtem Tagebau, haltendem Zug und einem Wäldchen aus rotblättrigen Birken und blauen Pappeln einzustimmen in den Ruf der Leipziger: *Wir bleiben hier!*), wirst Du, Schnukkel, vergiftet von grönländischen Bananen sterben und ich werde Deinen Grabstein beschriften: dem ersten Opfer des privaten Gemüsehandels der DDR!

Oh, Schnukkel, jetzt kuck mich nicht an, als gäbe es da noch einen Ausweg! Ausreise? Oh, mein Freund, darauf verlaß Dich, bevor wir beide uns geeinigt haben, gründen wir nun eine CUS (Tsus) oder eine CUD (Tsud) oder gar eine FDP, waren andere schneller als wir und haben sich bereits auf den Weg gemacht zur kostenlosen Logis in den Parteihospizen von München, Bonn und Bad Kissingen. Und ich jedenfalls habe bis heute nichts gehört von einem Aufnahmelager für Karnickel!

Was also, Schnukkel, kann uns da noch retten. Wo finden wir nach all den Wenden eine Alternative? Und da, Schnukkel, gibt es nur eine Antwort: *Die Kuh muß endlich aufs Eis!*

ROSEMARIE ZEPLIN

Die Geschichte ist offen

Noch wissen wir nicht, wie der Umbruch in die Geschichte eingeht: ob ihm der Rang einer Revolution zuerkannt wird und unter welchem Begriff. Und ob es am Ende nicht wieder zwei Begriffe werden, ein heroisch akzentuierter und einer mit *Konter* davor. Bis jetzt gibt es seltsamerweise überhaupt noch keinen, denn *Wende*, die offizielle Sprachregelung, ist nicht angenommen worden. Noch passiert Tag für Tag bislang Unvorstellbares. Das wird weitergehen, noch monatelang, und weiter aller Prognosen spotten. Wir wissen auch nicht, ob das noch unbekannte Wort, mit einem bestimmten Tag, einem Herbstmonat oder nur einer Jahreszahl verbunden sein wird. Sollten sich die Historiker auf ein Datum zu einigen versuchen, hätte ich einen Vorschlag. Man zeichne den Tag aus, an dem sich das Volk auf der Straße zum erstenmal unter seinem Namen präsentiert hat. *Wir sind das Volk* – in des Wortes verwegenster Bedeutung. *Das Volk sind wir* – mit der Alliteration an das *L'etat c'est moi* einer neoabsolutistischen Herrschaft. Den Tag kann man ermitteln, die Wirkung dieser genialen Losung nur vermuten. Ich halte sie für ausschlaggebend, soweit Worte überhaupt Ausschlag zu geben vermögen.

Bereits die ersten hastigen Opferungen brachten mehr ins Rutschen, als für die Krisenmanager absehbar gewesen sein dürfte. Zwar besetzte der alte Apparat die Vakanzen sofort wieder mit seinen Leuten – das leicht gelichtete Politbüro nominierte einen als zumutbar geltenden Ministerpräsidenten, der sich und seine Regierung durch ein nicht von Wählern legitimiertes Parlament bestätigen ließ. Dennoch war das nicht mehr ganz die alte Farce, die neue Regierung hatte etwas wirklich Neues zu bieten. Sie sähe sich, gab sie bekannt, einzig dem Volk verpflichtet. Ein ungeheuerlicher Moment, wenn man bedenkt, daß diese Deklaration – 200 Jahre nach der Großen Französischen Revolution in einem sozialistischen Staat Mitteleuropas – Verfassungsbruch bedeutete. Und welche Straftatbestände erst erfüllen all die jetzt aufgekommenen Lebensregungen! Kaum ein Mensch, der nach immer noch geltendem Recht nicht eigentlich eingesperrt gehörte. Nicht wenige liefern täglich gleich mehrfach Delikte für zwei bis zehn Jahre Vollzug ohne Bewährung, mamches darunter, das leicht auch für ein Lebenslänglich herhalten konnte, bislang.

Der Führungsanspruch der Partei, der mittlerweile offiziell aus dem Grundgesetz entfernt wurde, hat die Verfassung eines 16-Millionen-Volks bis in die Psyche seiner Krippenzöglinge geprägt. Seine Auswirkung muß für die künftige Soziologie ein erregendes Forschungsgebiet sein. Das Material wartet, gewiß hervorragend aufbereitet, in den staatssicherheitsdienstlichen Ablagen. Das observierte Volk jedoch stünde der Wissenschaft jetzt nur noch unvollständig zur Verfügung. Es ist um einen Teil seines Hoffnungsträgers, der Jugend, ärmer geworden, um eben jene «in unser Land», wie wir uns angewöhnt haben zu sagen, «Hineingeborenen». Erst das Entsetzen, das die Fluchtwelle auslöste, trieb die Leute auf die Straße, und ohne die Fluchtwelle wären die Leipziger, die am 9. Oktober den Militäreinsatz zu gewärtigen hatten, vielleicht nicht alle lebend von der Straße gekommen. Dennoch sind die, deren radikaler Impuls erst den Boden bereiten mußte, dem öffentlichen Bewußtsein schon beinah entschwunden. Warum eilt man nicht, den roten Teppich für sie auszulegen? Weil man die Tat auch nicht um ihrer guten Früchte willen billigt. Weil man sich böswillig verlassen fühlt und das *Pater, peccavi* hören will, bevor das gemästete Kalb geschlachtet werden darf. Weil Eltern die Schuld nicht annehmen wollen, die sie an den abhanden gekommenen Finanziers ihrer künftigen Renten begangen haben – ihres persönlichen Erziehungsbeitrags wegen: der Unterweisung im Arrangement mit der Lüge. Die Unfähigkeit, jetzt die verlorenen Kinder zurückzurufen, offenbart das Desaster unserer Verhältnisse treffender als der ganze Wust skandalöser Enthüllungen.

Wann endlich begreifen wir das ganze Ausmaß der Heuchelei, in der wir gelebt haben? Wir: damit meine ich auch die Intellektuellen, die den Vorzug der professionellen Gedankenarbeit mit all ihren Schmerzen genießen. Ist uns bei unseren Appellen, die wir jetzt veröffentlichen, die Besonderheit unserer Lage wirklich bewußt? Sollten wir nicht vor allem erst einmal sehr genau hinzuhören versuchen, bevor wir entscheiden, was gut ist für andere?

Wir, in unserer Neigung, totalisierende Ansprüche zu verinnerlichen, unserer Erbschuld. Das verstummte Volk ist in den sogenannten Nischen doch offenkundig nicht in totale Regression gefallen. Ihm seine Bedürfnisse ausreden zu wollen, dürfte schwerfallen. Es hat sich ohnehin und seit jeher darüber hinweggesetzt. Wenn man das Recht jedes Menschen auf seinen eigenen Lebensentwurf akzeptiert, darf man den Wunsch, zum Beispiel im Westen leben zu wollen, nicht heimlich als anstößig empfinden, und wenn auch die ganze DDR daran zerbräche.

Die intellektuellen Gewohnheiten im Umgang mit ideologischen Kategorien spielen auch in die Programme der Oppositionsbewegungen hinein. Nicht nur darum, aber darum vermutlich auch, hält sich die allgemeine Begeisterung für die neuen Tribunen so spürbar in Grenzen. Man versteht sie nicht, weil ihre Sprache scheinbar bekannt ist. Sie zeugt von dem fatalen Ehrgeiz nach dem verbindlichen, großen und konsistenten Entwurf. Warum eigentlich klammern wir uns so kindlich an beschmutzte oder leer gewordene Begriffe, wenn wir eine emanzipatorische Idee von einem sie pervertierenden Machtanspruch lösen wollen? Man kann das Wort Sozialismus gut weglassen, wenn für ein Mehrparteiensystem plädiert wird, das die staatlichen Institutionen strikt unter öffentlicher Kontrolle hält; wenn man die ökologischen Erfordernisse zur Conditio sine qua non wirtschaftlichen Handelns erhebt, eine Solidargemeinschaft erklärtermaßen Gleicher postuliert, die Belange der Leistungsschwachen verteidigt, dem Schutz des Friedens außenpolitisch den unbedingten Vorrang einräumt. Man kann das auch Sozialismus nennen, begibt sich damit aber in die Lage, erklären zu müssen, worin eine spezifisch sozialistische Qualität liege. Was Sozialismus außer daß die Errungen-

schaften der bürgerlichen Demokratie «positiv aufgeho-
ben» werden sollen darüber hinaus bedeute. Denn nach
eben jenen Errungenschaften besteht ja der grenzenlose
Hunger der vielen Millionen jetzt über die Grenze Wall-
fahrenden, jener vom Sozialismus gnadenlos Verlasse-
nen, die jahrzehntelang ausschließlich auf ihre kom-
pensatorischen Bedürfnisse verwiesen worden sind. Sie
melden jetzt alles, das ihnen verweigert war, an – auch
die politischen Forderungen, die *universalen*, nach der
marxistischen Terminologie, und auch die sind von
einem Bild geprägt, das das Fernsehland DDR allabend-
lich aufsog. (Die bundesdeutschen Medienkritiker mögen seufzen angesichts dieser Opfer einer fragwürdigen
Darstellung von praktischer Demokratie, aber doch nicht
verkennen, was ihr öffentlich-rechtlicher Anstaltsbetrieb
hier bedeutet hat.)

Für die Enttäuschungen, die der moderne wohlfahrts-
staatlich gebremste Kapitalismus seinen Werktätigen bereitet, fehlt dem unmittelbaren Produzenten im östlichen
Staatseigentumssystem der rechte Sinn. Wer sich darauf
verläßt, daß *Kapitalismus* hier als Schreckenswort emp-
funden wird und daß bei *Wieder-* beziehungsweise *Ver-
einigung* jedermann zusammenzuckt, unterliegt einem
gewaltigen Irrtum. Er entzieht sich der eigentlichen Arbeit, sachkundig aufzuklären. Mit dem Hinweis auf Mas-
senarbeitslosigkeit ist es ja offensichtlich nicht getan. Und
was den hier bevorstehenden Ausverkauf angeht: Wer
überhaupt weiß denn mit allem, was auf uns zukommt,
wenigstens soweit Bescheid, daß er sich in die Verantwortung für notwendige Vorbeugungsmaßnahmen begeben
könnte? Die hiesige Hilflosigkeit in der Kapitalismuskritik
offenbart die ganze Tragödie der Mauergesellschaft.

Dennoch gibt es tatsächlich so etwas wie ein DDR-Identitätsgefühl, das mehr ist als Ängstlichkeit, Gewöhnung oder Ortsgebundenheit: eine politisch inspirierte Alternativität, eine hoffnungsvolle Offenheit, auch eine gewisse Entsagungsbereitschaft. Die Lust, etwas Neues zu probieren, obwohl niemand zum Beispiel weiß, wie ein vernünftiger und effizienter, dennoch gleichsam sozialistischer ökonomischer Mechanismus aussieht, der Angebot und Nachfrage in Einklang zu bringen vermag. Ost- und Westdeutschland sind nun ein System kommunizierender Röhren geworden. Das Wohlstandsgefälle wird sich so oder so auf das gleiche Niveau einpegeln. Außer daß die Öffnung der Mauer unwiderruflich sein muß, steht fest, daß die arme, ausgepowerte DDR abenteuerlichen Zeiten entgegengeht. So eng wie nie zuvor ist ihr Schicksal an das andere Reich der Brüder und Schwestern und dessen Wandlungsfähigkeit gebunden. Ihr Volk läßt sich weder ein für allemal auf Zweistaatlichkeit einschwören noch ersehnt es das Charisma Helmut Kohls. Es bedarf der Empathie und der Artikulationsfähigkeit seiner Intellektuellen. Die Geschichte ist offen. Falls es die DDR-Bevölkerung sein wird, die deutscherseits Vorgaben macht: Sie wird, wenn alles gutgeht, eine verwirrende Art dezentral funktionierender Demokratie hervorbringen und, wie ich hoffe, dabei auf eine trainierte Gegenöffentlichkeit in der Bundesrepublik zählen können. Das sind so etwa meine Illusionen.

REINER SCHEDLINSKI

Zwischen Nostalgie und Utopie.
Ein Postscriptum

Zweifellos ist in der DDR, diesem Nachkriegsland der verlorenen Intentionen und der Neubekehrung, ein, wie der Dichter Durs Grünbein sagt, *bizarrer Zweig der Literatur gewachsen: postmodern gesprochen, eine Literatur der Sinngebung,* die in einer Art utopischem Realismus das Ideal eines möglichen Zustands immer in sich trug. Soll man aber derzeit über die Zukunft der DDR sprechen, versagt irgendwie die Phantasie. Vor der Frage, wie aus dem Sinnverlust nun ein Sinneswandel zu machen ist, findet sich die deutsche Literatur nicht das erste Mal wieder. Freilich standen nicht nur die Autoren des Aufbaus und der ersten Stunde in dieser sinnstiftenden Pflicht, sondern auch die dissidentischen Ketzer befanden sich in jener ideellen Tradition, und sublimerweise freilich auch die anfangs noch namenlose Literatur des Prenzlauer Bergs, als sie den gesellschaftlichen Sinn zeitweilig suspendierte.

Die Germanisten befragten bisher immer nur: «Die Literatur der DDR und ihre Diskurse» (so das Thema einer Tagung in Bad Godesberg). Vielleicht aber waren es gar keine Diskurse, sondern Strategien, vielleicht wäre es produktiver, nach dem Sinn des Suchens zu fragen, als einmal mehr nun der Suche nach diesem utopischen Sinn zu folgen, um den die DDR-Literatur vom Westen her immer beneidet wurde, weil sie gerade hierin für die Gesellschaft relevant war, und die westdeutsche Literatur, in ihrem kapitalistisch-organischen Wachstum, einen solchen, für alle verbindlichen Sinn nur schwer ausmachen konnte.

Ein *kapitalistischer Realismus* mußte nicht erst erfunden werden, er war, alles in allem, einfach da, bevor er da war. Die Utopien aber des Westens waren um so utopischer, je politischer sie waren, und manchmal um so ohnmächtiger, je öffentlicher. Die westdeutsche, vornehmlich linke Literatur mußte sich ausdrücklich politisieren, um an gesellschaftlichen Prozessen beteiligt zu sein, die der DDR dagegen war quasi von Haus aus politisch, ob sie es wollte oder nicht, weil andere Politik mit ihr betrieben, und manchmal geriet sie schon deshalb zum Politikum, weil sie sich der Politisierung verweigerte. Diese, wenn auch zuweilen unfreiwillige gesellschaftliche Relevanz ist bis heute gleichermaßen ihr Nachteil und ihr Vorzug, der, wo die Grenze, die ja vor allem die Literatur der DDR zweiteilte, nun hinfällig wird, wie jener DDR-Bonus, den hiesige Autoren im Ausland immer genossen haben. Man wird fortan ein deutschsprachiger Autor sein wie jeder andere, und die politischen Kursverzerrungen literarischer Werte werden wohl auf Dauer verschwinden, wie die in der Wirtschaft auch.

Verschwinden wird mithin, wenn ich schon einmal dabei bin zu spekulieren, jene sich notorisch verweigernde Literatur, jene Sprache *gegen* die öffentliche Sprache, denn wo alles öffentlich ist, kann man sich dieser öffentlichen Gewalt schwerlich entziehen. Wenn die Kulturfunktionäre jetzt nicht mehr nur Bonzen sind, sondern verlegerische Geschäftspartner, wird diese Literatur sich den gnadenlosen Gesetzen der Branche unterwerfen müssen, wie jene westdeutschen Autoren, die ich kenne und schätze, und die ich um ihren existentiellen, weil lebensnotwendigen Popularitätszwang nie beneidet habe. Die Repressionen des Marktes, auch wenn sie weitgehend gesinnungsneutral sind, erzeugen einen Anpassungsdruck, den ich für meinen Teil, wie viele andere, nicht zuletzt dieser Unabhängigkeit wegen hiergebliebenen Autoren auch, ein für allemal abgelegt zu haben glaubte.

In der DDR war es möglich, gerade *weil* ein Teil der Literatur als *inoffiziell* marginalisiert wurde, relativ unabhängig von ästhetischen, ideologischen oder merkantilen Interessen zu arbeiten, und diese Literatur konnte sich nur vor ihrem sozialen Hintergrund entwickeln, dem eines autarken, urbanen Lebensgefühls am Prenzlauer Berg und andernorts, weil gerade hier die Not, und nicht nur die der Sprache, eben erfinderisch machte. Es bedarf dieses sozialen Konsens, weil es sich in jeder Kultur um Zeichen handelt, die gemeinsam verabredet werden müssen – und wenn es nur eine Frisur ist oder ein Jargon. Für sich allein kann man keine Kulturformen erfinden, die kommunizierbar wären. Mit dem Verlust dieser Sozialität, der schon vor Jahren mit der ersten großen Ausreisewelle begann, verlor diese Literatur auch ihre angestammten Zirkel und geriet, nach ihrer Entdeckung durch die Milieuliebhaber, in eine ihr fremde Öffentlichkeit, auf die sie ursprünglich nicht gerichtet war.

Ich denke, der wesentliche Unterschied der hiesigen Literatur zu der des Westens ist, daß sie, wie Gert Neumann es nennt, *klandestin* war, und diese Klandestinität geht, das ist ein offenes Geheimnis (man denke nur an die Massenauflagen der Esoterik!), in einer Öffentlichkeit verloren, in der man die vorgefundenen Zeichen nur noch illustrieren oder verfremden kann; oder aber, man züchtet eine Kultur unter Laborbedingungen, einen modernen Golem, wie ihn die Livestyler vom *Wiener* oder von *Tempo* kultivieren. Davor graut mir, obwohl ich hier freilich den Teufel nicht an die Wand malen will, und wenn ich bisher nur von Verlusten gesprochen habe, die der DDR-Literatur unter dem westlichen Nivellierungsdruck drohen, so ist dies selbstverständlich die letzte Zehrung von oben genanntem Bonus auf dem Weg aus der Versenkung ins Abseits.

Über die Autoren

VOLKER BRAUN, geb. 1939 in Dresden, Lyriker, Dramatiker, Prosaautor, Dramaturg. Publiziert in Ost und West, wo er jeweils renommierte Literaturpreise erhielt. Werke u. a.: «Hinz und Kunze», Roman, 1985; «Die Kipper», Drama, 1966–1981, «Transit Europa», Drama, 1988.

GÜNTER DE BRUYN, geb. 1926 in Berlin, Verfasser von Romanen, Erzählungen, Essays. Lebt seit 1961 abwechselnd in Ost-Berlin und in der Nähe von Beeskow als freier Schriftsteller. Werke u. a.: «Buridans Esel», Roman, 1968; «Preisverleihung», Roman, 1972; «Neue Herrlichkeit», Roman, 1984.

HEINZ CZECHOWSKI, geb. 1935, Lyriker und Essayist. 1961–1965 Verlagslektor, 1971–1973 literarischer Mitarbeiter des Magdeburger Theaters. Lebt als freier Schriftsteller in Leipzig, erhielt mehrere Literaturpreise, u. a. den Heinrich-Mann-Preis. Veröffentlichungen u. a.: «Ich und die Folgen», Gedichte, Reinbek 1987.

ELKE ERB, geb. 1938 in Scherbach (Eifel). 1949 Übersiedlung in die DDR. Freie Schriftstellerin (Lyrik und Kurzprosa) und Übersetzerin (vor allem russische Lyrik). 1988 Peter-Huchel-Preis für «Kastanienallee. Texte und Kommentare».

FRITZ RUDOLF FRIES, geb. 1935. Lebt seit 1966 als freier Schriftsteller in der Nähe von Ost-Berlin. Mitglied des PEN-Zentrums der DDR. Werke u. a.: «Das Luft-Schiff», Roman, 1974; «Alexanders neue Welten», Roman, 1983; «Verlegung eines mittleren Reiches», Roman, 1984; «Der Weg nach Oobliadooh», 1966 (BRD), 1989 (DDR).

Christoph Hein, geb. 1944, Dramatiker, Erzähler, Essayist. 1982 Heinrich-Mann-Preis, 1983 Westdeutscher Kritikerpreis, 1989 Lessing-Preis. Lebt in Ost-Berlin. Werke u. a.: «Drachenblut», Roman, 1982; «Der Tangospieler», Roman, 1989.

Stefan Heym, geb. 1913 in Chemnitz. 1933 Emigration nach Prag, 1935 in die USA. Seit 1945 freier Schriftsteller. 1951/52 Übersiedlung in die DDR. 1953 Heinrich-Mann-Preis. 1976 Mitunterzeichner der Petition gegen die Ausbürgerung Wolf Biermanns, seither Neuveröffentlichungen nur noch in der Bundesrepublik. Lebt in Ost-Berlin. Werke u. a.: «Der Fall Glasenapp», Roman, 1958; «Collin», Roman, 1979; «Ahasver», Roman, 1981, «Nachruf», 1988.

Gabi Kachold, geb. 1953 in Emsleben/Thüringen. Veröffentlichung u. a.: «Zügellos», Aufbau Verlag. Lebt freiberuflich als Autorin und Filmerin in Erfurt.

Sarah Kirsch, geb. 1935, Lyrikerin. Seit 1977 in der BRD. Erhielt zahlreiche Literaturpreise, u. a. den Heinrich-Heine-Preis der DDR (1973), den Kritikerpreis für Literatur (1981) und den Österreichischen Staatspreis für Literatur (1981). Veröffentlichungen u. a.: «Landwege. Eine Auswahl 1980–1985»; «Schneewärme, Gedichte», 1989.

Uwe Kolbe, geb. 1957 in Ost-Berlin; 1976 erste Veröffentlichungen (Gedichte); 1983–1987 Mitherausgeber der nicht lizenzierten Literaturzeitschrift «Mikado», seit 1979 freiberuflicher Autor. Lebt seit 1987 mit Visum in der Bundesrepublik.

Helga Königsdorf, geb. 1938 in Gera, Diplomphysikerin, Mitglied der Akademie der Wissenschaften der DDR. Die habilitierte Mathematikerin veröffentlichte Prosa, Texte und Erzählungen im Aufbau-Verlag («Lichtverhältnisse», Geschichten, 1988). Sie arbeitet zur Zeit an einem Briefroman, «Ungelegener Befund».

Günter Kunert, geb. 1929 in Berlin. 1948 erste Publikationen. 1948/49 Eintritt in die SED, 1972–1975 Aufenthalte in den USA und Großbritannien, seit 1976 Mitglied der Akademie der Künste in West-Berlin. 1977 Streichung der SED-Mitgliedschaft, lebt als freier Schriftsteller seit 1979 bei Itzehoe. Erhielt mehrere Literaturpreise, u. a. 1962 den Heinrich-Mann-Preis. Veröffentlichungen u. a.: «Unterwegs nach Utopia. Gedichte», 1977; «Verspätete Monologe. Prosa», 1981; «Stilleben. Gedichte», 1983.

KATJA LANGE-MÜLLER, geb. 1951 in Ost-Berlin, 1984 Übersiedlung nach West-Berlin. Erhielt 1986 den Klagenfurter Ingeborg-Bachmann-Preis. Veröffentlichungen: «Wehleid – Wie im Leben», 1986; «Kasper Mauser – die Feigheit vorm Freund», 1988.

ROLAND LINKS, geb. 1931 in Rumänien. 1940 Übersiedlung nach Deutschland; Studium der Germanistik, Geschichte und Kunstgeschichte. Langjähriger Lektor beim Verlag «Volk und Welt», jetzt Direktor der Verlagsgruppe Kiepenheuer, Leipzig. Autor einer Alfred Döblin-Biographie.

MONIKA MARON, geb. 1941 in Berlin. Seit 1976 freiberufliche Schriftstellerin in der DDR. Lebt seit Juni 1988 in Hamburg. Ihre Bücher wurden bis zum November '89 in der Bundesrepublik verlegt: «Flugasche», Roman, 1981; «Die Überläuferin», Roman, 1986.

FRANK-WOLF MATTHIES, geb. 1951 in Berlin. Von 1977 an Arbeit als freier Schriftsteller, 1981 Übersiedlung von Ost- nach West-Berlin. Veröffentlichungen u. a.: «Unbewohnter Raum mit Möbeln. Prosa», 1980; «Für Patricia im Winter», Gedichte, 1981.

GERT PROKOP, geb. 1932, arbeitete 15 Jahre lang für die «Neue Berliner Illustrierte», schreibt Romane, Hörspiele und Erzählungen. Lebt seit 1971 als freier Schriftsteller in Ost-Berlin. Veröffentlichungen u. a.: «Das todsichere Ding», Roman, 1986.

HANS JOACHIM SCHÄDLICH, geb. 1935 in Reichenbach im Vogtland. Germanistikstudium in Berlin und Leipzig. Seine seit 1969 verfaßten Erzähltexte wurden in der DDR nicht veröffentlicht. Schädlich gehörte zu den Unterzeichnern der Biermann-Petition vom November 1976. Im Dezember 1977 wurde sein Ausreiseantrag genehmigt, er lebt seitdem in West-Berlin. Veröffentlichungen u.a.: «Versuchte Nähe», Prosa, Reinbek 1977; «Tallhover», Reinbek 1986; «Ostwestberlin», Reinbek 1987.

RAINER SCHEDLINSKI, geb. 1956, lebt als freier Schriftsteller in Ost-Berlin, Herausgeber der essayistischen Zeitschrift «Ariadnefabrik».

STEFAN SCHÜTZ, geb. 1944 in Memel. Nach seiner Ausbildung an der Staatlichen Schauspielschule Berlin Engagements an verschiedenen Theatern der DDR. Seit 1970 Stückeschreiber. Lebte bis Dezember 1980 in Ost-Berlin, seitdem in Hannover. Erhielt u.a. den Gerhart-Hauptmann-Preis (1979) und den Alfred-Döblin-Preis (1985): «Medusa», Prosa, Reinbek 1986. Weitere Veröffentlichungen u.a.: «Katt. Ein Volksbuch», Reinbek 1988, und «Der vierte Dienst», Reinbek 1990.

LOTHAR TROLLE, geb. 1944, 1983–1987 Mitherausgeber der Literaturzeitschrift «Mikado», lebt in Ost-Berlin, schreibt Prosa und Stücke, u.a.: «Weltuntergang Berlin I» (1981), «Weltuntergang Berlin II» (1986), «Bibelgeschichten» (1989).

ROSEMARIE ZEPLIN, geb. 1939, Theater- und Hörspieldramaturgin, seit 1978 freiberuflich in Ost-Berlin. Veröffentlichungen u.a.: «Schattenriß eines Liebhabers», Erzählungen, 1980; «Alpträume aus der Provinz», Roman, 1984.

Quellenhinweise

Christoph Heins Beitrag («Die fünfte Grundrechenart») entspricht seiner Rede zur Geschichte im Ostberliner Schriftstellerverband am 14. September. Sie wurde abgedruckt in *Die Zeit* vom 6.10.1989 und erscheint hier mit freundlicher Genehmigung des Luchterhand Verlags.

Stefan Heyms Essay «Aschermittwoch in der DDR» erschien zuerst im *Spiegel* Nr. 49, 1989, und wird hier mit freundlicher Genehmigung des Autors gedruckt.

Monika Marons Rede «Ich war ein antifaschistisches Kind» erscheint demnächst als Beitrag in dem Buch «Reden über das eigene Land: Deutschland» bei Bertelsmann. Der Herausgeber dankt für die Genehmigung zum Abdruck.